130 Gramm Liebe

RENATE GRUBER

130 Gramm Liebe

CUPCAKES, DIE GLÜCKLICH MACHEN

MIT FOTOS VON
MAURIZIO MAIER, TERESA E. ZÖTL UND RITA NEWMAN

CupCakes WIEN

Brandstätter

Maroni
Pina Colada
Cupcake
Erdnuss
Cupcake
Kokos
Cupcake
auf
Himbeer
Cupcake
auf
Schokokuchen
3,90
Schoko-Orange
Cupcake
auf
Schokokuchen
Weißer Schoko
Cupcake
auf Haselnuss
& Walnuss
3,90

CupCakes
Heidelbeer Cupcake auf Schokokuchen
Bananen Cupcake auf Schokokuchen
Schoko Mousse Cupcake
Red Velvet Cupcake
Marzipan Amaretto auf Vanillekuchen
Vanille Cupcake auf Schokokuchen

10-19.30
SA 10-18.30

Entstehungsgeschichte

Als erfolgreiche Graphik-Designerin hatte ich mit Backen weder viel am Hut noch die Zeit dazu. Das änderte sich schlagartig zu Weihnachten 2008, als ich mir für die Kunden meines Graphik-Ateliers ein kreatives Weihnachtsgeschenk ausdachte. Die Zutaten waren einfach: eine hochwertige Weißblechdose mit hübsch gestaltetem Etikett und der Aufschrift »20 dag Glück«, befüllt mit herrlich buttrigen Mürbteigkekserln in Form von Kleeblättern und Glücksschweinchen. Der Zuspruch war überwältigend und so gab es bald »20 dag Liebe«, mit Herzerln versteht sich, und viele andere Dosen mehr.

Einmal auf den Geschmack gekommen, begann ich mich mit der Gestaltung von Süßem zu beschäftigen. Als Bergbauern-Tochter aus der Steiermark ist mir das Handwerk des Backens mitgegeben worden, nun kam die Gestaltung hinzu. Die logische Schlussfolgerung der Verbindung von Schönem und Süßem waren – Cupcakes. Als kleines Hobby war mein erster Cupcake-Shop gedacht, ganz nebenbei, mit nur einer Mitarbeiterin und in der Hoffnung, nicht allzu viel Verlust zu schreiben. Denn wer wird sich schon in Wien, in der Hochburg der Zuckerbäcker-Kunst, für Cupcakes interessieren?

Doch am 3. September 2010, nach der Eröffnung des ersten Cupcake-Shops in Österreich, wurde ganz schnell klar: Es interessieren sich sehr viele Menschen dafür! Wir waren binnen kürzester Zeit ausverkauft. Die Nachfrage ist geblieben. Heute, nur zweieinhalb Jahre nach der Eröffnung des ersten Shops, gibt es bereits ein zweites Geschäft, rund 20 MitarbeiterInnen und viele hunderte Kunden, die uns täglich besuchen.

Für alle, die sich selber an das Backen und Gestalten von Cupcakes wagen möchten, ist dieses Buch unsere Anleitung dazu! Ich wünsche Ihnen ganz herzlich viel Freude damit und gutes Gelingen!

Gebrauchsanleitung

Wenn ich mir ein neues Back- oder Kochbuch kaufe, platze ich meistens vor Neugier und überspringe erst mal alle Seiten, auf denen kein Rezept zu finden ist. Also zum Beispiel eine Seite wie diese hier. Eigentlich schade, denn jedes gute Backbuch schickt immer eine »Gebrauchsanweisung« voraus. Zum Beispiel erfahren Sie, dass die Rezepte für die Cupcakes in diesem Buch immer aufgesplittet sind: in ein Rezept für das Cremehäubchen (wir nennen es »Topping«) und ein Rezept für den Kuchenteil darunter (wir nennen ihn »Sponge«). Um einen ganzen Cupcake zaubern zu können, brauchen Sie also beide Rezepte (wichtig für Ihre Einkaufsliste!).

Wenn Sie diese Gebrauchsanleitung weiterlesen, wissen Sie auch gleich von Anfang an, dass es am Ende des Buches Glossare gibt. Dort finden Sie Infos zu unterschiedlichen Bezeichnungen für Lebensmittel in Österreich und Deutschland wie »Topfen« und »Quark« und Sie erfahren, welche unterschiedlichen Tüllen zum Aufdressieren von Toppings verwendet werden – um nur ein Beispiel zu nennen.

Das Wichtigste aber ist die Machart! Zelebrieren Sie den Moment, in dem Sie Ihre Cupcakes backen. Schalten Sie Ihr Handy aus, nehmen Sie sich Zeit, konzentrieren Sie sich auf die Beschreibung im Rezept und geben Sie sich dem Zauber dieser kleinen, hübschen Köstlichkeiten hin. Ihre Liebe, Ihr Bemühen und die herrlichen Cupcakes werden Ihre Familie und Freunde, Ihre Arbeitskollegen und Bekannten glücklich machen. Und das Schönste ist, sie werden vor allem Ihnen Freude bereiten!

Dieses Buch ist für Sie,
für Ihren ganz persönlichen Cupcake-Moment!

DER CUPCAKE-DEKOR

Ein perfekter Cupcake wünscht sich immer ein paar Streusel, eine Frucht oder eine andere hübsche Verzierung auf dem Cremehäubchen. Wie Sie diese zaubern, finden Sie auf den folgenden Seiten.

DAS CUPCAKE-TOPPING

Das Cremehäubchen, auch Topping genannt, kann aus Schokolade, Milchprodukten oder einer italienischen Meringue bestehen. Wie Sie diese zubereiten, finden Sie auf folgenden Seiten.

DER CUPCAKE-SPONGE

Herrlich saftige oder schokoladige Kuchen, leichte Biskuits oder nussige Sponges machen einen Cupcake zum Hochgenuss. Die Rezepte dazu finden Sie auf den folgenden Seiten.

Inhaltsübersicht

Tipps zum Backen

Alle Angaben zur Sponge-Anzahl bei den Rezepten in diesem Buch beziehen sich auf Förmchen, die am oberen Rand einen Durchmesser von 65 mm und am Boden von 55 mm sowie eine Höhe von 35 mm aufweisen. Wenn Sie größere oder kleinere Förmchen verwenden, bekommen Sie dementsprechend mehr oder weniger Stück aus einem Rezept.

Alle Temperaturangaben beziehen sich auf Öfen mit Ober- und Unterhitze. Natürlich können Sie auch mit Umluft oder Heißluft backen, doch bedenken Sie dabei bitte, dass das eine wesentlich aggressivere Hitze ist und die Temperatur um ca. 15–20 Grad niedriger gewählt werden sollte.

Jeder Ofen bäckt anders. Also behalten Sie Ihre Sponges im Auge, vor allem, wenn Sie ein Rezept das erste Mal backen. Wenn Sie Papierförmchen verwenden, benötigen Sie auch ein Muffin-Blech, in dessen Mulden Sie die Förmchen hineinsetzen können. Ohne Blech verliert das Papierförmchen seine Stabilität und die Kuchenmasse rinnt aus. Auch Silikonförmchen oder zusammenhängende Einweg-Papierformen, wie Sie sie hier im Buch öfters sehen, sind geeignet. Letztere erhält man meist nur im Groß- bzw. Fachhandel oder in unseren Shops.

Die fein gezackte Sterntülle macht eine sehr schöne, filigrane Struktur. In diesem Buch verwenden wir diese Tülle mit einer Lochgröße von 18 mm. Das ergibt ein perfektes Ergebnis! Je kleiner der Durchmesser Ihrer Tülle ist, desto schwieriger wird es, das Topping schön aufzudressieren.

Mit der klassischen Sterntülle bekommt man die wohl bekannteste Struktur eines Cupcake-Toppings. Sie darf in keinem Cupcake-begeistertem Haushalt fehlen! In diesem Buch verwenden wir diese Tülle mit einer Lochgröße von 18 mm.

Die sogenannte Rund- oder Lochtülle ergibt eine sehr weiche Struktur. In kreisenden Bewegungen aufdressiert, wird die Optik des Toppings wunderschön. In diesem Buch verwenden wir diese Tülle mit einer Lochgröße von 18 mm.

Heidelbeer-Topping

Tipps!
Für dieses Püree können Sie ruhigen Gewissens auch tiefgekühlte Früchte verwenden. Kochen Sie die Heidelbeeren am Vortag ein und lassen Sie sie über Nacht im Kühlschrank.
Wenn es schnell gehen soll, können Sie auch fertige Heidelbeermarmelade verwenden – aber achten Sie auf sehr hohe Qualität und einen Fruchtgehalt von mindestens 45 %. Wenn Sie wenig Zeit haben, können Sie auch die Meringue durch 3 EL Staubzucker ersetzen.

Für das Heidelbeer-Püree Gelierzucker und Heidelbeeren in einem Topf unter ständigem Rühren zum Kochen bringen und ca. 10 Minuten vor sich hin köcheln lassen. Vom Herd nehmen, auskühlen lassen und am nächsten Tag pürieren.

Wenn Sie Heidelbeeren lieben und öfters dieses Cupcake-Topping machen möchten, können Sie das Püree auch auf Vorrat herstellen. Es hält im Kühlschrank gut einen Monat.

Für das Heidelbeer-Topping Mascarino, Heidelbeerpüree, Staubzucker und Topfen in einer Schüssel mit einer Gabel oder dem Schneebesen grob verrühren. Dann 3 Sekunden auf höchster Stufe mixen.

Sollten nach 3 Sekunden noch Stellen zu sehen sein, die nicht ganz perfekt vermengt sind: Entweder mit dieser Unperfektheit leben oder mit einer Gabel noch ein wenig umrühren. Keinesfalls weiter mixen, das macht das Topping flüssig!

Meringue auf niedrigster Stufe 5 Sekunden unterrühren.

Topping in einen Dressiersack mit Sterntülle füllen und in kreisenden Bewegungen aufdressieren. Mit Heidelbeeren dekorieren!

12 PORTIONEN

Sponge-Empfehlung zum Heidelbeer-Topping:
Heidelbeer-Schoko-Sponge S. 20/21
Alt-Wien-Sponge S. 60/61
Schoko-Schoko-Sponge S. 38/39

GLOSSAR

Dressiersack, eingekochte Früchte, Tülle

ZEITANGABEN

Am Vortag: ca. 15 Minuten
Topping: ca. 10 Minuten
plus Zeit zum Aufdressieren

ZUTATEN

Für das Topping:

600 g	Mascarino
180 g	Heidelbeer-Püree
50 g	Staubzucker
200 g	Topfen (20 %, streichfähig, kein Bröseltopfen)
50 g	italienische Meringue (siehe S. 22/23)

Einige Heidelbeeren für den Dekor

Für das Heidelbeer-Püree:

130 g	Gelierzucker
130 g	Heidelbeeren

ZUTATEN

3	Bio-Freilandeier, Größe M
1 Prise	Salz
70 g	Kristallzucker
120 g	zimmerwarme Butter
120 g	Staubzucker
1 Pkg.	Vanillezucker (8 g)
20 g	ungesüßtes Kakaopulver
100 g	glattes Weizenmehl
ca. 60	Heidelbeeren

Heidelbeer-Schoko-Sponge

Rohr auf 160 Grad Ober- und Unterhitze vorheizen.

Eier trennen. Eiklar, Salz und Kristallzucker zu steifem Schnee schlagen und zur Seite stellen.

In einer separaten Schüssel Butter, Staubzucker und Vanillezucker auf höchster Stufe ca. 2–3 Minuten schaumig schlagen.
Eidotter dazugeben und weitere 2 Minuten auf höchster Stufe schlagen, bis die Masse hellgelb ist.

1/3 des Eischnees vorsichtig unterheben. Mehl, Kakaopulver und Backpulver ebenfalls vorsichtig unterheben. Zum Schluss restlichen Eischnee untermengen.

In Förmchen füllen, je 5 Heidelbeeren drauflegen und ca. 35–40 Minuten backen.

12 PORTIONEN

Topping-Empfehlung zum Heidelbeer-Schoko-Sponge: Heidelbeer-Topping S. 18/19

EINFÜLLHÖHE

2/3 des Förmchens

ZEITANGABEN

Vorbereitung:
ca. 20 Minuten
Backzeit: 35–40 Minuten

ZUTATEN

405 g	Kristallzucker
200 g	Eiklar
110 ml	Wasser

How to do?

Wenn Sie die klassischen Schaumrollen kennen, die auf Jahrmärkten und Kirtagen angeboten werden, dann wissen Sie, was eine italienische Meringue ist: eine klebrige, aber fluffige, süße Eiklar-Zucker-Masse, die auch bei Toppings für Cupcakes gute Dienste leistet. Denn sie bringt Standfestigkeit in Ihre Toppings und süßt vorzüglich.

Italienische Meringue

Tipps!
Mit dieser Menge Meringue (ca. 600 g) können Sie rund 10 Cupcakes aufdressieren. Sie können die Meringue bunt einfärben oder auch flämmen. Schmeckt wie ein Schaumbecher und hat eine gute Standfestigkeit. Meringue ist in kleinen Mengen schwierig zuzubereiten, bei den meisten Topping-Rezepten werden aber nur rund 100 g benötigt. Sie können die Meringue 2 Tage im Kühlschrank lagern oder auch für ein paar Tage einfrieren.

330 g Zucker und das Wasser zum Kochen bringen.

Einfach aufstellen und vor sich hin kochen lassen. Es köchelt rund 4 Minuten, ohne dass eine merkbare Veränderung zu sehen ist.

Währenddessen restlichen Zucker mit Eiklar in einer Küchenmaschine zu Schnee schlagen; wenn er schön fest ist, Küchenmaschine ausschalten.

Es empfiehlt sich wirklich eine Küchenmaschine – oder Sie verfügen über genügend Muskelkraft und Ausdauervermögen, um diese Menge mit einem Mixer zu rühren.
Während die Küchenmaschine arbeitet, widmen Sie sich wieder der kochenden Zucker-Wasser-Lösung. Denn nun kommt der heikle und wichtigste Teil des Rezeptes.

Zucker bis zum »starken Flug« kochen (exakt 118 Grad).

Ist die Temperatur zu niedrig, erhält die Meringue nicht die nötige Standfestigkeit. Wenn Sie den Zucker weiterkochen, erhalten Sie Karamell. Sollten Sie kein Zuckerthermometer zur Hand haben, nehmen Sie ein Stück Draht, bilden eine kleine Schlaufe mit einem Durchmesser von 2–3 cm – so wie Sie es von Seifenblasen kennen – und tauchen die Schlinge immer wieder in den Kochtopf. Sobald der gekochte Zucker die richtige Temperatur hat, können Sie durch die Schlinge hindurch Zuckerblasen machen.
Aber Achtung! Weder mit den Lippen noch mit den Händen direkt in Berührung mit der 118 Grad heißen Flüssigkeit kommen, die brennt teuflisch!

Sobald die Lösung 118 Grad erreicht hat, Küchenmaschine mit Eischnee wieder einschalten und den heißen Zucker mit dünnem Strahl in den Schnee laufen lassen.

Maschine ca. 30–40 Minuten laufen lassen, bis die Meringue kalt geschlagen ist.

Spätestens jetzt wird klar, dass es ohne Küchenmaschine ein mühsames Unterfangen ist, eine Meringue herzustellen …

Karamell-Topping

Tipps!
Bereiten Sie Pudding und Karamell am Vortag vor.

Für den Pudding Kristallzucker, Vanillezucker und ¾ des Obers in einem Kochtopf aufkochen lassen.

Restliches Obers mit Speisestärke und Eidotter glatt rühren.

In das aufkochende Obers mengen und gut umrühren. Einmal aufkochen lassen und rasch von der Herdplatte nehmen, in eine Schüssel füllen und auskühlen lassen.

Eine detaillierte Beschreibung der Puddingzubereitung finden Sie beim Mango-Topping (S. 28/29).

Für das Karamell Zucker und Wasser zum Kochen bringen.

Gut aufpassen! Verlassen Sie den Herd nicht, lassen Sie Karamell nie aus den Augen und bitte, kosten Sie es niemals direkt aus dem Topf! So göttlich es schmeckt, Verbrennungen, die von gekochtem Zucker herrühren, verursachen Höllenqualen. Der Zucker in Ihrem Topf wird um die 146 Grad heiß, nur damit Sie wissen, wovon ich spreche. Zum Rühren verwenden Sie am besten einen Schneebesen.

Sobald sich der Zucker aufgelöst hat und die Flüssigkeit im Topf eine leicht bräunliche Farbe bekommt, Butter und Obers dazugeben. Ständig umrühren, nach ca. 4 Minuten vom Herd nehmen.

Wenn Zucker dunkelbraun wird, schmeckt er bitter. So bitter, wie Sie ihn mit Sicherheit nicht in Ihrem Cupcake haben möchten. Dann probieren Sie es einfach nochmals! Wenn Sie die Butter und das Obers dazugeben, zischt und brodelt es und der Zucker bildet einen Klumpen um den Schneebesen. Keine Sorge, der löst sich wieder auf. Das Karamell für diesen Cupcake soll ungefähr die Konsistenz von Honig haben.

Auskühlen lassen und, am besten über Nacht, in den Kühlschrank stellen.

Für das Topping zuerst Pudding und Karamell auf niedrigster Stufe 20 Sekunden lang cremig mixen. Mascarino zugeben und 10 Sekunden lang auf höchster Stufe verrühren.

In einen Dressiersack mit Sterntülle füllen und in kreisenden Bewegungen aufdressieren.

Wenn Sie zu den Menschen gehören, die beim Gedanken an frische, weiche Karamell-Bonbons in Verzückung geraten, dann machen Sie sich einfach selber welche! Als Dekor für Ihren Karamell-Cupcake oder als Seelentröster, ein kleines Stück Karamell-Glück. Die Anleitung finden Sie auf S. 142/143 – und es ist wirklich nicht schwierig.

12 PORTIONEN

Sponge-Empfehlung zum Karamell-Topping:
Bananen-Macadamia-Sponge S. 26/27
Vanille-Sponge S. 44/45
Veganer Nuss-Sponge S. 80/81

GLOSSAR

Dressiersack, Tülle

ZEITANGABEN

Am Vortag: Pudding ca. 10 Minuten, Karamell ca. 15 Minuten
Topping: ca. 10 Minuten plus Zeit zum Aufdressieren

ZUTATEN

Für das Topping:

220 g	Mascarino
150 g	Karamell
300 g	Pudding

Für das Karamell:

100 g	Zucker
20 ml	Wasser
20 g	Butter
130 ml	Obers

Für den Pudding:

300 ml	Obers
50 g	Kristallzucker
30 g	Speisestärke (Maizena)
1 Pkg	Vanillezucker (8 g)
1	Eidotter

ZUTATEN

2	Bio-Freilandeier, Größe M	70 ml	Sonnenblumenöl
130 g	Staubzucker	165 g	glattes Weizenmehl
60 g	Macadamia-Nüsse	1 TL	Backpulver
165 g	sehr reife Bananen		
130 g	brauner Zucker		
1 Pkg.	Vanillezucker (8 g)		
140 ml	Obers		

Bananen-Macadamia-Sponge

Rohr auf 170 Grad Ober- und Unterhitze vorheizen.

Eier trennen. Eiklar mit dem Staubzucker zu Schnee schlagen und zur Seite stellen. Macadamia-Nüsse sehr fein hacken.

> In den meisten Rezeptbeschreibungen wird der Schnee erst am Schluss geschlagen. Ich schlage ihn meistens ganz am Anfang, dann muss ich die Quirle nicht abwaschen, bevor ich die Fett- oder Eiermasse schlage.

Bananen schälen und pürieren. Zucker, Vanillezucker, Eigelb und Obers dazugeben und 10 Sekunden auf niedriger Stufe verrühren.

Öl dazugeben und nochmals 5 Sekunden mixen.

In einer weiteren separaten Schüssel Macadamia-Nüsse, Mehl und Backpulver vermischen. Auf niedrigster Stufe ca. 10 Sekunden in die Bananen-Mischung rühren. Danach den Eischnee mit der Hand vorsichtig unterheben.

In Förmchen einfüllen und ca. 25 Minuten backen.

12 PORTIONEN

Topping-Empfehlung zum Bananen-Macadamia-Sponge: Karamell-Topping S. 24/25
Schoko-Ganache-Topping S. 70/71
Vanille-Topping S. 82/83

EINFÜLLHÖHE

⅔ des Förmchens

ZEITANGABEN

Vorbereitung:
ca. 20 Minuten
Backzeit: ca. 25 Minuten

Mango-Topping

Tipp!
Es gibt viele Arten, um einem Topping Stabilität zu geben. Eine davon ist, zuvor einen festen Pudding zu kochen. Machen Sie das unbedingt am Vortag. Wenn der Pudding nicht durch und durch kalt ist, stört er mehr, als dass er hilft!

Für den Pudding Kristallzucker, Vanillezucker und ¾ des Obers in einem Kochtopf aufkochen lassen.

So lange aufkochen, bis keine Zuckerkristalle mehr zu sehen und zu spüren sind, wenn Sie umrühren.

Restliches Obers mit Speisestärke und Eidotter glatt rühren.

Und zwar wirklich glatt! Kein noch so kleines Klümpchen hat hier etwas verloren, denn es würde sich später im gekochten Pudding zu einem richtig dicken, fetten Stärke-Klumpen auswachsen und das wollen Sie nicht.

In das aufkochende Obers mengen, einmal aufkochen lassen und gut umrühren. Sofort vom Herd nehmen, aber weiter kräftig rühren.

Pudding brennt schnell an. Also fleißig rühren!

Pudding in eine Schüssel füllen und auskühlen lassen.

Wenn der Pudding ausgekühlt ist, über Nacht in den Kühlschrank stellen. Er soll die Konsistenz von Weichkäse haben, wenn er kalt ist – also ein sehr, sehr fest gekochter Pudding. Den brauchen Sie, damit das Topping schön stabil wird. Der Pudding hält rund 7 Tage, wenn er gut gekühlt wird.

Für das Topping am nächsten Tag die Mango schälen, pürieren und durch ein feinmaschiges Sieb streichen oder passieren. Sie benötigen 150 g pürierte und passierte Mango, 4 EL (= ca. 30 g) davon für den Dekor.

Mangos bekommt man mittlerweile in jedem Supermarkt. Alternativ können Sie auch auf Mangopüree aus dem Asia-Shop zurückgreifen.

Pudding 30 Sekunden auf niedrigster Stufe cremig mixen. Dann Mascarino, Topfen und gegebenenfalls Staubzucker dazugeben. Nochmals 10 Sekunden auf niedrigster Stufe rühren. Zum Schluss Mangopüree unterrühren (wieder nicht länger als 5–10 Sekunden).

Topping in einen Dressiersack mit Rundtülle füllen, in kreisenden Bewegungen auf den Sponge aufdressieren und mit einem kleinen Löffel das übrig gebliebene Mangopüree über die Cupcakes gießen. Et voilà, fertig ist das süße Kunstwerk!

12 PORTIONEN

Sponge-Empfehlung zum Mango-Topping:
Heidelbeer-Schoko-Sponge S. 20/21
Heller Milch-Sponge S. 128/129
Kardamom-Honig-Sponge S. 104/105

GLOSSAR

Dressiersack, Tülle

ZEITANGABEN

Am Vortag: ca. 15 Minuten
Topping: ca. 10 Minuten plus Zeit zum Aufdressieren

ZUTATEN

Für das Topping:

1	reife Mango
300 g	Pudding
250 g	Mascarino
300 g	Topfen (20 % Fett, streichfähig, kein Bröseltopfen)

bei Bedarf ca. 3–4 EL Staubzucker zum Nachsüßen

Für den Pudding:

300 ml	Obers
50 g	Kristallzucker
30 g	Speisestärke (Maizena)
1 Pkg.	Vanillezucker (8 g)
1	Eidotter

1

2

3

4

How to do?

Aufdressieren will geübt sein!

Halten Sie Ihren Dressiersack mit der rechten Hand (Linkshänder natürlich in der linken) ganz oben und üben mit der Hand Druck aus. Sie sollten jetzt einhändig Topping aus Ihrem Dressiersack drücken können. Wenn das der Fall ist, nehmen Sie Ihre andere Hand zu Hilfe, um die kreisende Bewegung besser führen zu können. Mehr macht diese Hand nicht!

Gedrückt wird von oben. Je regelmäßiger der Druck von oben kommt, desto gleichmäßiger sieht das aus, was aus der Tülle kommt. Also viel Spaß beim Üben! (Wir verwenden hier eine Rundtülle mit einer Lochgröße von 18 mm.)

Unser berühmter Karotten-Sponge

Tipp!
Wer möchte, kann die Kokosraspeln durch gemahlene Haselnüsse ersetzen.

Rohr auf 180 Grad Ober- und Unterhitze vorheizen.

Raps- oder Sonnenblumenöl, Sauerrahm, Vanillezucker, zimmerwarme Eier, Orangenzesten und Kristallzucker mit dem Handmixer (wer im stolzen Besitz einer Küchenmaschine ist, verwendet diese) auf der höchsten Stufe mixen, bis alles gut verrührt ist.

Orangenzesten können Sie ganz einfach selbst herstellen, indem Sie die Schale einer unbehandelten Bio-Orange ganz fein abreiben. Sie bekommen Orangenzesten aber auch bereits fertig abgepackt im Supermarkt.

Weizenmehl, Zimt, Natron und Salz dazugeben und wieder verrühren.

Jede Speise, egal ob süß oder pikant, braucht eine kleine Prise Salz. Salz, auch wenn in fast homöopathischen Mengen verwendet, unterstreicht den jeweiligen Geschmack und gibt der Speise Kontur.
Diesmal auf der niedrigsten Stufe zu rühren beginnen und die letzten 5 Sekunden auf die höchste Stufe schalten. Wenn Sie keine weißen »Mehlinseln« mehr sehen, haben Sie genug gerührt.

Kokosraspeln und geraspelte Karotten dazugeben.

Je feiner Sie die Karotten raspeln, desto gleichmäßiger verteilen sie sich in der Kuchenmasse und desto saftiger wird diese. Denken Sie an ein Blütenblatt eines Gänseblümchens, dann wissen Sie, was mit »fein« gemeint ist! Lassen Sie die geraspelten Karotten eine Zeitlang in einer Schüssel stehen, damit sich der Saft absetzt.
Die geraspelten Karotten davor gut ausdrücken, damit nicht zu viel Saft in die Kuchenmasse gelangt.

In Papierförmchen einfüllen und 35 Minuten backen.

Die Masse ist relativ flüssig. Um sie in die Förmchen zu füllen, können Sie einen Löffel oder einen Dressiersack ohne Tülle verwenden.

Auf dem Bauernhof meiner Großmutter gab es keinen elektrischen Strom. Immer, wenn wir Kinder im Winter um Karotten in den Keller geschickt wurden, stand da ein großer Topf mit Erde, in dem die Karotten der Herbsternte gelagert wurden. Es machte uns großen Spaß mit unseren kleinen Händen tief in der kühlen, feuchten Erde zu graben und eine Karotte nach der anderen herauszuholen! Heutzutage liegen die Karotten im Kühlschrank – doch der Kuchen schmeckt noch immer wie damals!

12 PORTIONEN

Topping-Empfehlung zum Karotten-Sponge:
Mango-Topping S. 28/29
Schnelles Kokos-Topping S. 40/41
Veganes Maroni-Topping S. 78/79

EINFÜLLHÖHE

2/3 des Förmchens

ZEITANGABEN

Vorbereitung:
ca. 25 Minuten
Backzeit: ca. 35 Minuten

ZUTATEN

100 ml	Raps- oder Sonnenblumenöl	1 TL	Orangenzesten
65 g	Sauerrahm	200 g	Kristallzucker
1 TL	Vanillezucker	140 g	glattes Weizenmehl
2	zimmerwarme Bio-Freilandeier, Größe M	1 TL	gemahlener Zimt
		1 TL	Natron
		1 Prise	Salz
		45 g	Kokosraspeln
		170 g	geschälte und sehr fein geraspelte Karotten

ZUTATEN

2 TL	Matcha-Pulver
15 EL	Minzesirup (siehe S. 36/37)
650 g	Mascarino
130 g	Topfen (20 % Fett, streichfähig, kein Bröseltopfen)

Staubzucker nach Geschmack
12 frische Minzeblätter zum Garnieren

Sommerliches Minze-Matcha-Topping

Fast seit Anbeginn unseres Bestehens halten wir Cupcake-Backkkurse in unseren Shops ab. Die Nachfrage ist sehr groß und viele, viele hundert Cupcake-Fans haben bei uns ihre ersten Cupcakes gebacken.

Wenn man so viele unterschiedliche Kursbesucher erlebt, weiß man mit der Zeit, wo die Unsicherheiten liegen. Und bei allen Kursen (ausnahmslos!) gibt es eine große Frage: Wie lang soll ich das Topping mixen? Die einfache Antwort lautet: kurz!

Tipp!
Bereiten Sie den Minzesirup am Vortag vor.

Matcha-Pulver im Minzesirup auflösen, Mascarino und Topfen zugeben, nach Geschmack mit Staubzucker süßen und händisch in einer Schüssel verrühren.

Wie immer bei Toppings, geht es hier besonders um das ganz, ganz vorsichtige Vermengen der Topping-Zutaten. Verrühren Sie zuerst händisch die Zutaten mit einem Schneebesen, einer Gabel oder einem Löffel und greifen erst dann zum elektrischen Mixer oder zur Küchenmaschine.

Noch 5 Sekunden auf höchster Stufe mit dem Mixer fertig rühren, in einen Dressiersack mit Tülle füllen, aufdressieren und mit frischen Minzeblättern verzieren!

Wenn man keinen Dressiersack zu Hause hat, geht auch ein Gefrierbeutel, den man an einer Ecke aufschneidet und dort die Tülle hineingibt. Wer weder Dressiersack noch Tülle zu Hause hat, kann das Minze-Topping mit einem Löffel auf den Sponge geben.

12 PORTIONEN

Sponge-Empfehlung zum sommerlichen Minze-Matcha-Topping:
Herzenströster-Brownie-Sponge S. 86/87
Schoko-Rum-Sponge S. 74/75
Schoko-Schoko-Sponge S. 38/39

GLOSSAR

Dressiersack, Tülle

ZEITANGABEN

Ca. 10 Minuten plus Zeit zum Aufdressieren

Sirupe

Tipp!
Die Menge ergibt jeweils ca. 15 EL Sirup.

1. Minzesirup

Kristallzucker, Vanilleschote und Wasser in einem Kochtopf aufkochen lassen.

So lange aufkochen, bis keine Zuckerkristalle mehr zu sehen sind (ca. 4–5 Minuten).

Pfefferminze fein schneiden und in die Zuckerlösung legen. Ein paarmal kräftig umrühren, sodass die gehackte Minze sich gut mit der Flüssigkeit vermengt; danach vom Herd nehmen.

Gut zudecken und über Nacht ziehen lassen. Am nächsten Tag abseihen, sodass Sie reinen Sirup ohne Minzeblätter haben.

Der Sirup kann über Nacht bei Zimmertemperatur ziehen. Wenn Sie Minzesirup auf Vorrat machen wollen, kann er gut bis zu 3 Wochen im Kühlschrank in einem verschlossenen Gefäß aufbewahrt werden. An heißen Sommertagen eignet sich der Sirup, 1:6 verdünnt mit Mineralwasser und mit ein paar Zitronenscheiben im Glas, als herrliches und gesundes Erfrischungsgetränk.

2. Vanillesirup

Kristallzucker, Vanilleschote und Wasser in einem Kochtopf aufkochen lassen.

So lange weiterkochen, bis keine Zuckerkristalle mehr zu sehen sind (ca. 4–5 Minuten).

Gut zudecken und über Nacht ziehen lassen. Am nächsten Tag abseihen.

ZEITANGABEN

Zubereitung:
ca. 15 Minuten plus Zeit zum Auskühlen

ZUTATEN

Für den Minzesirup:

80 g	Kristallzucker
1	Vanilleschote
100 ml	Wasser
1	Bund frische Pfefferminze (ca. 30 g)

Für den Vanillesirup:

80 g	Kristallzucker
1	Vanilleschote
100 ml	Wasser

ZUTATEN

85 g	dunkle Kuvertüre
25 g	Butter
60 g	Öl
110 g	Mehl
20 g	ungesüßtes Kakaopulver
1 TL	Backpulver
2	Bio-Freilandeier, Größe M
190 g	Kristallzucker
50 ml	Wasser
40 g	Sauerrahm

Schoko-Schoko-Sponge

Rohr auf 180 Grad Ober- und Unterhitze vorheizen.

Kuvertüre hacken, mit Butter und Öl über einem Wasserbad schmelzen.

Für ein Wasserbad füllen Sie einen Kochtopf zu ⅓ mit Wasser und bringen es zum Kochen. Die Zutaten stellen Sie in einer hitzebeständigen Schussel, die etwas größer ist als der Kochtopf, einfach oben drauf. Wenn Sie nicht geübt sind mit Wasserbädern, bleiben Sie am besten dabei stehen, rühren regelmäßig um und beobachten, wie das Ganze langsam schmilzt.

In der Zwischenzeit Mehl, Kakaopulver und Backpulver in einer Schüssel verrühren.

Eier und Kristallzucker in einer zweiten Schüssel schaumig rühren. Wasser und Sauerrahm unterrühren, dann die Kuvertüre-Butter-Öl-Mischung einrühren.

Die trockenen Zutaten aus der ersten Schüssel löffelweise dazugeben und weiter mixen, bis die Masse homogen ist.

Am besten geben Sie die trockenen Zutaten in kleinen Portionen dazu, sonst staubt's ziemlich beim Mixen.

In Backförmchen einfüllen und ca. 35 Minuten backen.

Die Masse ist sehr flüssig, keine Sorge, das gehört so! Behalten Sie Ihre Sponges im Auge – besonders, wenn es dem Ende der Backzeit zugeht. Ob Sie Ihre Köstlichkeiten 35 oder 40 Minuten backen, hängt von Ihrem Ofen ab. Alle Öfen backen unterschiedlich, deshalb kann das Backergebnis auch bei gleicher Zeit und Temperatur ein anderes sein. Wenn Sponges zu lange im Ofen sind, wird die Oberfläche härter.

12 PORTIONEN

Topping-Empfehlung zum Schoko-Schoko-Sponge:
Heidelbeer-Topping S. 18/19
Himbeer-Topping S. 134/135
Rosenblüten-Topping S. 62/63
Sommerliches Minze-Matcha-Topping S. 34/35

EINFÜLLHÖHE

⅔ des Förmchens

ZEITANGABEN

Vorbereitung: ca. 20 Minuten
Backzeit: ca. 35 Minuten

Schnelles Kokos-Topping

Mascarino, Topfen, Kokossirup und Staubzucker zusammen in eine Schüssel geben und vorsichtig mit dem Kochlöffel vermengen. Danach mit dem Mixer kurz cremig rühren.

Mit »kurz« meine ich nicht länger als 3 Sekunden auf höchster Stufe. Wenn Sie zu lange mixen, können Sie das Topping im Suppenteller servieren, aber nicht mehr aufdressieren, weil es zu flüssig wird. Auch nicht, wenn Sie es in den Kühlschrank stellen. Auch nicht, wenn Sie es einfach ein wenig stehen und rasten lassen. Einmal flüssig – immer flüssig. Deshalb bitte wirklich an die 3 Sekunden halten – dann wird alles gut!

Mit einer Rundtülle auf die Sponges aufdressieren.

Dieses Topping können Sie ausnahmsweise ruhig ein wenig schief, rund oder wie Sie wollen aufdressieren.

Topping in Kokosflocken wälzen und in der Hand zu einer schönen Kuppel formen.

Allerspätestens jetzt werden Ihnen allfällige ästhetische Fehltritte verziehen und Ihr Kokos-Cupcake wird wunderschön aussehen!

Dieses Rezept ist das schnellste Rezept von allen. Ideal wenn man nach einem langen Arbeitstag noch Gäste erwartet, Überraschungsbesuch bekommt – oder einen Gutschein für einen gemeinsamen Skiurlaub verschenken möchte!

12 PORTIONEN

Sponge-Empfehlung zum schnellen Kokos-Topping:
Karotten-Sponge S. 32/33
Vanille-Sponge S. 44/45
Veganer Nuss-Sponge S. 80/81

GLOSSAR

Dressiersack, Tülle

ZEITANGABEN

Topping: ca. 10 Minuten plus Zeit zum Rollen und Aufdressieren

ZUTATEN

800 g	Mascarino
160 g	Topfen (20 % Fett, streichfähig, kein Bröseltopfen)
15 EL	Kokossirup
	Staubzucker nach Geschmack zum Süßen
200 g	Kokosflocken

1

2

3

4

How to do?

Die Schneeballtechnik

Oft werden wir gefragt, wie wir denn die Kokosflocken so perfekt auf den Kokos-Cupcake bekommen. Die Antwort ist einfach: Wir wälzen das Topping in der Hand in Kokosflocken. Wie das genau geht, sehen Sie hier auf den Bildern!

Vanille-Sponge

Rohr auf 180 Grad Ober- und Unterhitze vorheizen.

Eier, Zucker, Salz, Zitronenzesten und Vanillezucker mit dem Mixer auf höchster Stufe schaumig rühren.

Und zwar so lange, bis die Masse hellgelb und fluffig ist, also bis zu 5 Minuten!

Sauerrahm und Öl dazugeben und weiter rühren.

Es reicht, wenn Sie alles gut vermengen.

Mehl und Backpulver händisch unterheben (am besten mit einer Teigkarte).

Mit Ihrer Hand haben Sie mehr Gefühl, als wenn Sie mit dem Mixer auf niedrigster Stufe rühren. Außerdem besteht beim Mixer die Gefahr, dass Sie die eingerührte Luft wieder herausrühren. Und das wollen wir nicht. Und Sie sicher auch nicht. :-)

In Backförmchen einfüllen und 30 Minuten backen.

12 PORTIONEN

Topping-Empfehlung zum Vanille-Sponge:
Karamell-Topping S. 24/25
Schnelles Kokos-Topping S. 40/41
Vanille-Topping S. 82/83

EINFÜLLHÖHE

⅔ des Förmchens

ZEITANGABEN

Vorbereitung: ca. 20 Minuten
Backzeit: ca. 30 Minuten

ZUTATEN

4	Bio-Freilandeier, Größe S
170 g	Zucker
1	Prise Salz
1 TL	Zitronenzesten
1 Pkg.	Vanillezucker (8 g)
40 g	Sauerrahm
45 ml	Sonnenblumenöl
170 g	Mehl
1 TL	Backpulver

Kleiner-Prinz-Cupcakes

Tipp!
Lebensmittelfarbe erhalten Sie in Pulverform in der Apotheke. Spezielle Geschäfte für Tortendekor und -zubehör bieten auch flüssige Lebensmittelfarben und Gel- oder Pastenfarben sowie Zuckerkleber (wir empfehlen Tragantpulver) an.

Schnittmuster des Krönchens abpausen und eine Schablone ausschneiden.
Am besten eignet sich dafür ein Stück Backtrennpapier.

Modelliermarzipan oder Rollfondant in 2 Stücke aufteilen, einen Teil blau, den anderen gelb färben.
Verwenden Sie beim Einfärben am besten Plastikhandschuhe, sonst haben Sie ein paar Tage lang bunte Finger. Wickeln Sie den gelb eingefärbten Teil in Frischhaltefolie ein, damit nichts austrocknet.

Rollen Sie mit einem Nudelwalker den blauen Teil ca. 5 mm dick aus.
Wenn Sie einen Nudelwalker aus Holz haben, legen Sie den Marzipan zwischen 2 Blätter Backtrennpapier. Sonst klebt Ihnen alles an. Wenn Sie über einen Anti-Haft-Nudelwalker und eine Kunststoffarbeitsplatte verfügen, reicht ein bisschen Speisestärke oder ein wenig Kokosfett zum Ausrollen.

Stechen Sie mit einem großen, runden Keksausstecher Kreise aus dem Marzipan oder Rollfondant aus, bepinseln Sie die Unterseite der Kreise mit Marmelade und »kleben« Sie je einen Kreis auf einen Sponge.
Sie können auch eine Creme Ihrer Wahl drunter geben, es sollte jedoch nicht zu viel sein, damit sie nicht am Rand herausquillt.

Zuckerperlen am Rand in den Marzipan oder Rollfondant drücken. Gelben Teil ebenfalls ca. 5 mm dick ausrollen, Schablone drüberlegen und mit einem spitzen Messer die Krone ausschneiden. Krone in Form biegen und die Enden mit ein wenig Marmelade oder Zuckerkleber zusammenkleben. Unterseite der Krone mit etwas Marmelade oder Zuckerkleber an dem hellblauen Untergrund befestigen.

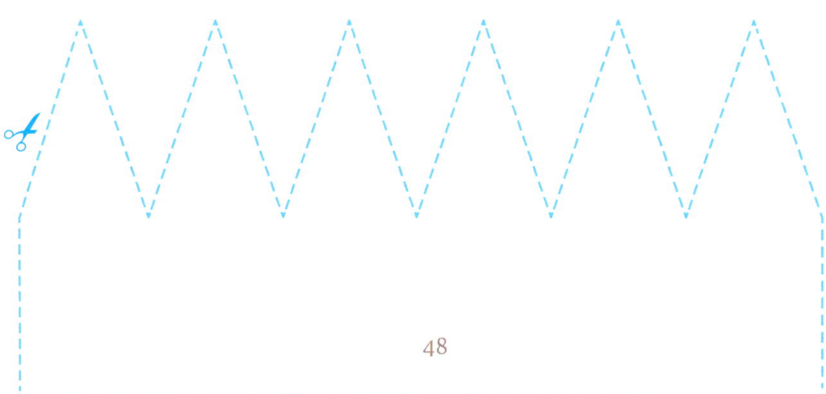

Für kleine und für große Prinzen und natürlich für alle Prinzessinnen dieser Welt!

12 PORTIONEN

Sponge-Empfehlung für Kleiner-Prinz-Cupcakes: jeder Sponge, der Ihnen schmeckt!

GLOSSAR

Modelliermarzipan, Rollfondant, Tragant

ZEITANGABEN

Ca. 40–50 Minuten

ZUTATEN

1 kg	Modelliermarzipan (oder Rollfondant)
	blaue und gelbe Lebensmittelfarbe
2 EL	Marmelade nach Wahl oder
	Zuckerkleber nach Bedarf
	Zuckerperlen

ZUTATEN

Für die Brioche:

80 ml	Milch
80 g	Zucker
25 g	frische Germ
400 g	Mehl
1 Prise	Salz
2 TL	Vanillezucker
2 TL	Zitronenabrieb
2	Bio-Freilandeier, Größe M
160 g	Butter

Zum Bestreichen:

1	Eidotter
5 EL	Milch

Brioche-Cupcakes

Es gibt Menschen, denen liegt ein Germteig und es gibt Menschen, denen liegt er nicht. Ich persönlich gehöre definitiv zur zweiten Gruppe. Also lassen Sie sich nicht entmutigen, wenn es nicht gleich beim ersten Mal klappt. Doch diese Brioches sind so unglaublich köstlich, dass ich Ihnen das Rezept nicht vorenthalten möchte!

12 PORTIONEN

Topping-Empfehlung für Brioche-Cupcakes: Topping für Brioche-Cupcakes S. 52/53

ZEITANGABEN

Am Vortag:
ca. 15 Minuten
Backzeit: 20 Minuten

Tipp!
Wenn Sie in diesem Rezept laktosefreie Butter oder Margarine verwenden, ist dieser Brioche laktosefrei!

Grundregel Nr. 1: Alle Zutaten für Germteig müssen dieselbe, zimmerwarme Temperatur haben. Deshalb am besten 1 Stunde vor Arbeitsbeginn alle gekühlten Zutaten aus dem Kühlschrank nehmen.

Grundregel Nr. 2: Germ hat es am liebsten lauwarm. Dafür einen sogenannten Vorteig ansetzen: die Milch lauwarm (im Wasserbad oder in einem Topf) erwärmen, Zucker zugeben, ein paarmal umrühren und dann die frische Germ hineinbröckeln.

Währenddessen Mehl, Salz, Vanillezucker, Zitronenabrieb und die zimmerwarmen Eier in eine separate Schüssel geben und eine Mulde in der Mitte machen. In diese den aufgegangenen Vorteig hineinleeren.

Mit dem Knethaken alles ca. 30 Sekunden auf mittlerer Stufe verrühren.

Für alle Nicht-Backgeübten: Knethaken sind diese verdrehten Quirle, die man zum Mixer dazubekommt. Wenn Sie sich schon einmal gefragt haben, wozu die gut sind: für einen Germteig zum Beispiel!

Die zimmerwarme Butter stückchenweise dazugeben und mit dem Mixer einkneten.

Es dauert nicht lange (vielleicht 30 Sekunden) und Ihr Teig löst sich von der Schüssel und wickelt sich um die Knethaken. Sobald kein Teig mehr am Boden oder den Wänden Ihrer Schüssel klebt, ist alles gut verknetet.

Grundregel Nr. 3: Germteig muss »gehen«.

Es gibt viele Möglichkeiten dafür, die einfachste ist, den Teig über Nacht im Kühlschrank mit Frischhaltefolie zugedeckt stehen zu lassen und am nächsten Tag weiterzuverarbeiten.

Aus dem Kühlschrank nehmen und kleine, 50 g schwere Kügelchen formen. In die Backförmchen geben, oben drauf noch ca. 10 g schwere kleinere Kugerln setzen. Noch einmal 45 Minuten im nicht beheizten Rohr bei eingeschalteter Beleuchtung gehen lassen. Das ergibt mit ca. 25–30 Grad die perfekte Temperatur.

Eidotter mit der Milch in einer Tasse verrühren, die Brioche damit bestreichen. Dann bei 180 Grad im vorgeheizten Rohr ca. 20 Minuten backen.

Topping für Brioche-Cupcakes

Tipp!
Den Vanillesirup können Sie durch 2 TL Vanillezucker ersetzen.

Mascarino, Vanillemark und Vanillesirup in einer Schüssel ca. 10 Sekunden auf mittlerer Stufe mixen.

Brioche knapp unter dem oberen Kugerl aufschneiden, Topping in einen Dressiersack füllen und 1,5 Kreise damit ziehen. Über das Topping 1 EL Himbeermarmelade geben und das abgeschnittene Stück Brioche wie einen Hut oben wieder draufsetzen!

So heikel die Brioches selbst sind, so einfach ist das Topping dazu! Wenn Sie es bis hierher geschafft haben und neben Ihnen bereits ein herrlich fluffiger, noch warmer, köstlich duftender Brioche steht, dann ist der Rest ein Kinderspiel!

12 PORTIONEN

Sponge-Empfehlung:
Brioche-Cupcakes S. 50/51

GLOSSAR

Dressiersack

ZEITANGABEN

Ca. 10 Minuten

ZUTATEN

250 g	Mascarino
	Mark von 1 Vanilleschote
2 EL	Vanillesirup (siehe S. 36/37)
12 EL	Himbeermarmelade (mit sehr hohem Fruchtgehalt)

1

2

3

4

How to do?

Brioche

Lauwarme Milch, Zucker und Germ zu einem Vorteig ansetzen.

Wenn der Vorteig nicht binnen 15 Minuten so aussieht wie auf Bild Nr. 3, probieren Sie es nochmals von vorn. Dann war die Milch entweder zu heiß oder zu kalt. Die Germ war vielleicht verdorben oder es hat sonst irgendetwas nicht gepasst. Arbeiten Sie nicht weiter mit diesem Vorteig, das Ergebnis wäre frustrierend.

Den Germteig am nächsten Tag erst weiter verarbeiten! Gutes Gelingen!

Bananen-Topping

Bananen schälen, 1 ½ Bananen mit dem Zitronensaft pürieren.

Wenn Sie keinen Pürierstab haben, zerdrücken Sie die Bananen zuerst, so gut es geht, mit einer Gabel und passieren danach alles durch ein feines Sieb.

In einer separaten Schüssel Topfen, Mascarino und Staubzucker kurz mixen.

Bitte nicht länger als 5 Sekunden auf höchster Stufe.

Bananenpüree auf Stufe 2 unterrühren.

Nochmals 3–5 Sekunden mixen.

In einen Dressiersack mit Tülle füllen, aufdressieren und mit Schokostreuseln verzieren.

Die letzte halbe Banane in Scheiben schneiden und auf den fertigen Cupcake setzen.

Wenn Sie die Bananen-Cupcakes für einen späteren Zeitpunkt vorbereiten, legen Sie die Bananenscheiben erst kurz vorm Servieren auf das Topping, damit sie an der Luft nicht braun werden. Oder Sie bereiten ½ Päckchen Tortengelee zu und streichen die Bananen damit ein; so können Sie das Braun-Werden der Bananen verhindern.

12 PORTIONEN

Sponge-Empfehlung zum Bananen-Topping:
Bananen-Macadamia-Sponge S. 26/27
Marmor-Sponge S. 114/115
Alt-Wien-Sponge S. 60/61
Veganer Schokoladen-Sponge S. 124/125

GLOSSAR

Dressiersack, Tülle

ZEITANGABEN

Topping: ca. 10 Minuten plus Zeit zum Aufdressieren

ZUTATEN

2	mittelgroße, reife Bananen
2 EL	Zitronensaft
250 g	Speisetopfen (20 % Fett, streichfähig, kein Bröseltopfen)
500 g	Mascarino
	Staubzucker nach Geschmack zum Süßen (4–5 EL)
	einige Schokostreusel zum Verzieren
	bei Bedarf ½ Pkg. klares Tortengelee

1

2

3

4

How to do?

1, 2, 3 – keine Zauberei!

Um so einen schönen Cupcake zaubern zu können, brauchen Sie nicht mehr als einen Dressiersack (das kann ein Einweg-Plastik-Dressiersack, ein Mehrweg-Dressiersack aus Stoff oder ein Gefrierbeutel sein, den Sie an einer Ecke aufschneiden) und eine Sterntülle mit einer Lochgröße von 18 mm.

Füllen Sie das Topping ein und drücken mit der rechten Hand (Linkshänder mit der linken) von oben (siehe Abb. 2). Mit der anderen Hand führen Sie und »malen« in kreisenden, sehr gleichmäßigen Bewegungen Ihr Topping auf den Cupcake. Je gleichmäßiger Sie drücken, desto schöner wird Ihr Topping!

Anschließend können Sie Ihren Cupcake nach Lust, Laune und Geschmack dekorieren.

ZUTATEN

140 g	dunkle Kuvertüre
4	Bio-Freilandeier, Größe M
140 g	Staubzucker
140 g	zimmerwarme Butter
140 g	glattes Weizenmehl

Alt-Wien-Sponge

Als klar wurde, dass unsere Rezepte in einem Cupcake-Backbuch erscheinen werden, habe ich all meine Aufzeichnungen zusammengetragen – und wäre fast in Ohnmacht gefallen, weil ich mein »uraltes« Rezeptbuch nicht gefunden habe. Das ist ein in 20 Jahren zusammengetragenes kleines Notizbuch mit Rezepten, die mir gut gelungen sind.

Beim Nachdenken sind mir zwei Rezepte mit genauen Mengenangaben sofort eingefallen. Eines davon ist dieses, denn es ist von Zutaten wie auch Machart her wunderbar einfach!
P.S.: Das Rezeptbuch ist übrigens wieder aufgetaucht!

Rohr auf 180 Grad Ober- und Unterhitze vorheizen.

Kuvertüre hacken und bei ca. 80 Grad auf einem Teller zum Schmelzen ins Backrohr stellen.

Eier trennen. Eiklar mit der Hälfte des Staubzuckers zu Schnee schlagen und zur Seite stellen.

In einer separaten Schüssel Butter auf höchster Stufe ca. 2 Minuten hellgelb mixen. Geschmolzene Kuvertüre einrühren und ca. 1 Minute mixen, bis die Masse kalt ist.

Nach und nach Eidotter und restlichen Zucker dazurühren. Weizenmehl auf niedrigster Stufe ca. 30 Sekunden in die Masse rühren. Eischnee mit einem Kochlöffel oder einer Teigkarte unterheben.

In Förmchen einfüllen und ca. 30 Minuten auf mittlerer Schiene backen.

12 PORTIONEN

Topping-Empfehlung zum Alt-Wien-Sponge:
Bananen-Topping S. 56/57
Heidelbeer-Topping S. 18/19
Winterliches Bratapfel-Topping S. 130/131

EINFÜLLHÖHE

2/3 des Förmchens

ZEITANGABEN

Vorbereitung: ca. 20 Minuten
Backzeit: ca. 30 Minuten

Rosenblüten-Topping

Tipp!
Wenn Sie keinen Pürierstab haben: Die Ganache schmeckt auch ohne diesen Arbeitsschritt sehr gut. Die Ganache sollten Sie am Vortag zubereiten.

Schokoganache wie auf S. 70/71 beschrieben zubereiten, zusammen mit der klein gehackten Kuvertüre das Rosenöl unterrühren.

Über Nacht an einem kühlen Ort stellen und auskühlen lassen.

Am nächsten Tag die gewaschenen und abgetrockneten Rosenblütenblätter mit Eiklar bestreichen. Jedes ein paar Sekunden abtropfen lassen, dann in Kristallzucker wälzen.

Achten Sie darauf, dass so viel wie möglich vom Blatt mit Zucker bedeckt ist.

Auf einen Teller oder ein Kuchengitter zum Trocknen legen – und fertig!

Topping mit dem Mixer aufschlagen.

Und zwar 30 Sekunden auf höchster Stufe. Meistens ist das Topping dann noch recht weich (hängt von der Raumtemperatur ab), deshalb am besten gleich noch ca. 15 Minuten in den Kühlschrank stellen und erst dann weiterverarbeiten.

Mascarino dazugeben, 10 Sekunden auf höchster Stufe mixen.

In einen Dressiersack mit Sterntülle füllen und aufdressieren. Die Rosenblüten darüber streuen.

Es gibt viele, viele Möglichkeiten für einen romantischen Heiratsantrag. Wir kreieren immer wieder süße Cupcake-Varianten dafür – so wie diesen hier. Wer vor lauter Aufregung den Kopf nicht frei hat, um zu backen, der bittet die beste Freundin/den besten Freund um Hilfe. Sollte auch das nicht klappen, einfach zu uns kommen – wir sind geübt im Heiratsantrags-Cupcakes-Backen!

12 PORTIONEN

Sponge-Empfehlung zum Rosenblüten-Topping:
Schoko-Kakao-Sponge S. 64/65
Schoko-Schoko-Sponge S. 38/39
Veganer Schokoladen-Sponge S. 124/125

GLOSSAR

Dressiersack, Tülle

ZEITANGABEN

Rosenblüten:
ca. 15 Minuten
Topping: ca. 10 Minuten plus Zeit zum Aufdressieren

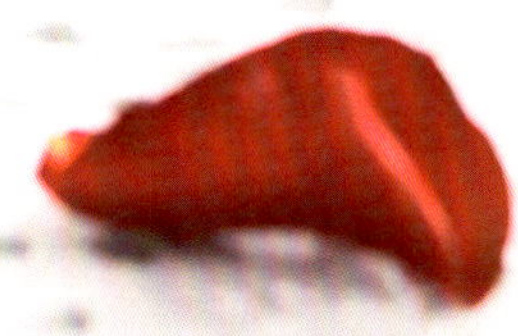

ZUTATEN

Für das Topping:

285 ml	Obers, mind. 32 % Fettgehalt
2 EL	Honig
2 EL	Butter
465 g	dunkle Kuvertüre, 45 % Kakaoanteil oder höher
1 TL	echtes Rosenöl aus der Apotheke
200 g	Mascarino

Für die Rosenblüten:

12	schöne unbehandelte Rosenblütenblätter
1	Eiklar
2 EL	Kristallzucker

1 Ehemann oder 1 Ehefrau in spe (falls der Cupcake für einen Heiratsantrag gedacht ist)

ZUTATEN

40 ml	Sonnenblumenöl
140 g	zimmerwarme Butter
180 g	Staubzucker
2	Bio-Freilandeier, Größe M
40 g	ungesüßtes Kakaopulver
90 ml	kochendes Wasser
152 g	fein gemahlenes Dinkel-Vollkornmehl
2 TL	Backpulver (10 g)
1 Prise	Salz

Schoko-Kakao-Sponge

Rohr auf 180 Grad Ober- und Unterhitze vorheizen.

Sonnenblumenöl, zimmerwarme Butter und Staubzucker auf dem Wasserbad schmelzen.

> Wenn Sie wenig Übung im Umgang mit Wasserbädern haben: Eine genaue Anleitung finden Sie beim Schoko-Schoko-Sponge-Rezept auf S. 38/39.

Eier ca. 40 Sekunden auf höchster Stufe schaumig rühren und zur Butter-Öl-Mischung geben.
Kakaopulver im kochenden Wasser auflösen und ebenfalls dazugeben.
Mehl und Salz hinzufügen und verrühren. In Papierförmchen einfüllen und ca. 30–35 Minuten backen.

> Die Masse ist sehr dünnflüssig, am besten füllen Sie sie in einen Messbecher mit Tülle, um sie in die Förmchen einfüllen zu können.

12 PORTIONEN

Topping-Empfehlung zum Schoko-Kakao-Sponge:
Himbeer-Topping
S. 134/135
Rosenblüten-Topping
S. 62/63
Schoko-Orangen-Topping
S. 72/73
Zitronen-Topping
S. 126/127

EINFÜLLHÖHE

2/3 des Förmchens

ZEITANGABEN

Vorbereitung:
ca. 20 Minuten
Backzeit: ca. 30–35 Minuten

Wrapper-Vorlagen für persönliche Liebesbotschaften

Manchmal möchte man etwas Besonderes sagen. Mit diesen Vorlagen können Sie das besonders hübsch machen: Vorlagen kopieren, ausschneiden und um einen Cupcake wickeln. Erfolg garantiert!

P.S. Falls Sie eine Wellenschnitt-Schere besitzen, können Sie am äußeren Rand einige Millimeter dazugeben und Ihren Cupcakes-Wrapper mit einem schönen Wellenrand ausschneiden.

Come In
WE'RE
OPEN

Schoko-Ganache-Topping

Tipp!
Die Ganache am Vortag zubereiten.

Obers erhitzen.

Am besten in einem kleinen Topf auf dem Herd.

Kuvertüre in sehr kleine Stücke hacken.

»Klein« heißt bei mir in diesem Kontext: nicht größer als ein Viertel des Fingernagels Ihres kleinen Fingers.
Achtung, dass währenddessen das Obers nicht übergeht!

Obers einmal aufkochen lassen.

Nach dem Aufkochen den Topf sofort vom Herd nehmen.

Klein gehackte Kuvertüre unterrühren, Honig und Butter zugeben.

Zuerst mit dem Schneebesen grob die Kuvertüre unterrühren, dann Honig und Butter zugeben und mit dem Pürierstab ca. 3 Minuten emulgieren.

Über Nacht an einem kühlen Ort stellen und auskühlen lassen!

Wer keinen »kühlen Ort« hat, einfach im Raum stehen lassen und erst 1 Stunde vor dem Weiterverarbeiten in den Kühlschrak stellen. Nicht länger, sonst wird die Ganache steinhart!

Am nächsten Tag mit dem Mixer aufschlagen.

Schlagen Sie so lange, bis eine fluffige, aber doch standfeste Creme entsteht. Wenn sie zu weich ist, 15 Minuten in den Kühlschrank stellen und dann nochmals kurz aufmixen.

In einen Dressiersack mit Tülle füllen und aufdressieren.

Schoko-Ganache – auch »Pariser Creme« genannt – ist ein wahrer Alleskönner! Pur oder aromatisiert, ob mit Ölen, Likören oder Zesten verfeinert – Schokolade ist etwas Herrliches!

12 PORTIONEN

Sponge-Empfehlung zum Schoko-Ganache-Topping:
Bananen-Macadamia-Sponge S. 26/27
Herzenströster-Brownie-Sponge S. 86/87
Himbeer-Schoko-Sponge S. 138/139
Schoko-Rum-Sponge S. 74/75

GLOSSAR

Dressiersack, Tülle

ZEITANGABEN

Am Vortag ca. 15 Minuten
Topping: ca. 10 Minuten
plus Zeit zum Aufdressieren

ZUTATEN

350 ml	Obers, mind. 32 % Fettanteil
600 g	dunkle Kuvertüre, 45 % Kakaoanteil
2 EL	Honig
1 EL	Butter

ZUTATEN

350 ml	Obers, mind. 32 % Fettgehalt
600 g	dunkle Kuvertüre, 60 % Kakaoanteil
2 EL	Honig
1 EL	Butter
3 EL	Orangenzesten
3 EL	Orangenlikör (Grand Marnier)

Schoko-Orangen-Topping

Einer unserer meistverkauften Cupcakes ist unser Schoko-Orange-Cupcake. Da wir viele Kinder unter unseren Kunden haben, verzichten wir auf den Orangenlikör und aromatisieren ausschließlich mit Orangenzesten. Auf Wunsch fertigen wir dieses Topping aber auch mit Likör, da dieser einen noch feineren Orangengeschmack in das Topping bringt. Sie können dieses Topping also mit oder ohne Alkohol zubereiten.

Tipps!
Für Schoko-Baileys-Topping lassen Sie die Zesten weg und verwenden statt Orangenlikör 100 ml Baileys. Für Schoko-Kaffee-Topping verwenden Sie 100 ml sehr starken Kaffee (am besten Espresso) und erhöhen die Honigmenge auf 5 EL, die Buttermenge auf 3 EL.
Die Ganache sollten Sie am Vortag zubereiten.

Obers einmal aufkochen lassen.

Schokolade in sehr kleine Stücke hacken und zugeben, Honig, Butter, Orangenzesten und Orangenlikör unterrühren.

Die detaillierte Beschreibung der Verarbeitung finden Sie beim Schoko-Ganache-Rezept (siehe S. 70).

12 PORTIONEN

Sponge-Empfehlung zum Schoko-Orangen-Topping:
Schoko-Kakao-Sponge S. 64/65
Schoko-Rum-Sponge S. 74/75
Veganer Schokoladen-Sponge S. 124/125

GLOSSAR

Dressiersack, Tülle

ZEITANGABEN

Am Vortag: ca. 15 Minuten
Topping: ca. 10 Minuten plus Zeit zum Aufdressieren

Schoko-Rum-Sponge

Rohr auf 180 Grad Ober- und Unterhitze vorheizen.

Kuvertüre sehr fein reiben.

Eier trennen. Eiklar mit Staubzucker und Stärke zu Schnee schlagen und zur Seite stellen.

In einer separaten Schüssel Butter, Vanillezucker, Salz und Kristallzucker auf höchster Stufe ca. 2 Minuten hellgelb mixen.
Eidotter nach und nach dazugeben. Ca. 1–2 Minuten auf höchster Stufe weitermixen.

Kuvertüre, Rum und Haselnüsse unterrühren. Anschließend Mehl, Backpulver und ⅓ des Eischnees auf niedrigster Stufe ca. 20 Sekunden unterrühren. Restlichen Eischnee mit einem Kochlöffel oder einer Teigkarte händisch unterheben.

In Förmchen einfüllen und ca. 30 Minuten auf mittlerer Schiene backen.

12 PORTIONEN

Topping-Empfehlung zum Schoko-Rum-Sponge:
Schoko-Ganache-Topping S. 70/71
Schoko-Orangen-Topping S. 72/73
Veganes Maroni-Topping S. 78/79

EINFÜLLHÖHE

⅔ des Förmchens

ZEITANGABEN

Vorbereitung: ca. 20 Minuten
Backzeit: ca. 30 Minuten

ZUTATEN

75 g	dunkle Kuvertüre
2	Bio-Freilandeier, Größe L
55 g	Staubzucker
10 g	Speisestärke (Maizena)
75 g	zimmerwarme Butter
1 Pkg.	Vanillezucker (8 g)
1 Prise	Salz
30 g	Kristallzucker
4 EL	Rum
60 g	gemahlene Haselnüsse
45 g	fein gemahlenes Dinkelmehl
½ TL	Backpulver

CupCakes

CUPCAKE
FRESHLY BAKED

Veganes Maroni-Topping

Tipp!
Bereiten Sie den Pudding am Vortag vor.

Für den Pudding Vanilleschoten der Länge nach aufschneiden, auskratzen und sowohl das Mark als auch die Schote in einem Topf mit Kristall- und Vanillezucker und ¾ der Sojamilch aufkochen lassen.

> So lange aufkochen, bis keine Zuckerkristalle mehr zu sehen und zu spüren sind, wenn Sie umrühren.

Restliche Sojamilch mit der Speisestärke glatt rühren. Die Mischung in die aufkochende Sojamilch mengen und gut umrühren. Sofort vom Herd nehmen, aber weiter kräftig rühren.
Nochmals auf die Herdplatte stellen, ein letztes Mal aufkochen lassen. Von der Herdplatte nehmen, in eine Schüssel füllen, auskühlen lassen und über Nacht kalt stellen.

> Eine detaillierte Beschreibung der Puddingzubereitung finden Sie beim Rezept für Mango-Topping (S. 28/29).

Am nächsten Tag die Vanilleschote aus dem Pudding nehmen. Für das Topping kalten Sojapudding ca. 10 Sekunden mit dem Mixer cremig rühren. Dann die weiche, zimmerwarme Margarine untermixen. Zum Schluss alle restlichen Zutaten gut unterrühren.

In einen Dressiersack mit Sterntülle füllen und in kreisenden Bewegungen aufdressieren.

12 PORTIONEN

Sponge-Empfehlung zum veganen Maroni-Topping:
Karotten-Sponge S. 32/33
Schoko-Kakao-Sponge S. 64/65
Schoko-Rum-Sponge S. 74/75

GLOSSAR

Dressiersack, Tülle, vegan

ZEITANGABEN

Am Vortag: ca. 15 Minuten
Topping: ca. 10 Minuten plus Zeit zum Aufdressieren

ZUTATEN

Für das Topping:

720 g	Maronipüree (möglichst wenig gesüßt)
2 EL	Rum
220 g	Sojapudding
100 g	zimmerwarme Margarine
	Staubzucker nach Geschmack

Für den Sojapudding:

2	Vanilleschoten
40 g	Kristallzucker
1 Pkg.	Vanillezucker (8 g)
240 ml	Sojamilch
25 g	Speisestärke (Maizena)

ZUTATEN

200 g	Kristall- oder Rohrzucker
80 g	Sonnenblumenöl
200 ml	Wasser
60 g	Apfelmus
1 TL	Salz
200 g	glattes Weizenmehl
10 g	Backpulver
50 g	geriebene Haselnüsse
1 TL	gemahlener Zimt

Veganer Nuss-Sponge

Nach der Eröffnung unseres ersten Shops hat es nicht lange gedauert, bis nach veganen Cupcakes gefragt wurde. Völlig ratlos, wie man ohne Eier, Butter und anderen tierischen Produkten Cupcakes zaubern sollte, habe ich mich auf die Suche nach Rezepten gemacht – und bin überraschenderweise bald fündig geworden. Denn ohne es zu wissen, bin ich mit veganen Kuchen aufgewachsen. Es sind die Rezepte meiner Oma aus der Zeit des 2. Weltkriegs, in der Eier und Butter Mangelware waren. Heute haben wir einige köstliche vegane Cupcakes in unserem Standard-Sortiment!

12 PORTIONEN

Topping-Empfehlung zum Nuss-Sponge:
Karamell-Topping S. 24/25
Schnelles Kokos-Topping S. 40/41
Veganes Maroni-Topping S. 78/79
Veganes Schoko-Topping S. 122/123

GLOSSAR

vegan

EINFÜLLHÖHE

2/3 des Förmchens

ZEITANGABEN

Vorbereitung: ca. 20 Minuten
Backzeit: ca. 35 Minuten

Tipps!
Lassen Sie Ihren geschmacklichen Vorlieben und Ihrer Kreativität freien Lauf! Versuchen Sie Haselnüsse einmal durch Mandeln oder Kokosflocken zu ersetzen. Und wenn es besonders weihnachtlich werden soll, geben Sie ½ TL Kardamom dazu.
Dieser Sponge ist laktosefrei!

Rohr auf 180 Grad Ober- und Unterhitze vorheizen.

Kristall- oder Rohrzucker, Sonnenblumenöl, Wasser, Apfelmus und Salz mit dem Mixer gut verrühren.

Diese Kuchenmasse zeichnet sich dadurch aus, dass sie sehr viele verschiedene Geschmacksnuancen mit einfachem Variieren von Zutaten ermöglicht. Allein schon der Unterschied zwischen dem rein süßendem, weißen Kristallzucker und dem typischen Geschmack von Rohrzucker ist einen Versuch wert!

In einer anderen Schüssel Weizenmehl, Backpulver, Haselnüsse und Zimt gut vermischen.

Alles zusammen in einer Schüssel gut 5 Minuten mit mittlerer Geschwindigkeit mixen.

Bei Kuchenmassen ohne Eier oder Butter bedarf es immer eines Triebmittels. In diesem Fall sind es Backpulver und Apfelmus. Wichtig ist auch das lange Rühren der Masse, damit etwas Luft hineinkommt, sonst wird das Ganze speckig oder fest statt schön locker.

In Papierförmchen einfüllen und ca. 35 Minuten backen.

Vanille-Topping

Tipps!
Wem die Meringue zu aufwendig ist: Man kann auch nur mit Staubzucker süßen. Das Topping wird zwar nicht ganz so fluffig wie mit der Meringue, aber auch sehr gut!
Bereiten Sie den Vanillesirup am Vortag zu. Wenn es schnell gehen soll, können Sie stattdessen einen fertigen Sirup verwenden.

Obers, Kristallzucker, Vanillezucker, Speisestärke und Eidotter zu Pudding kochen und über Nacht auskühlen lassen.

> Eine detaillierte Beschreibung der Puddingzubereitung finden Sie beim Mango-Topping (S. 28/29).

Pudding auf mittlerer Stufe ca. 20–30 Sekunden cremig mixen. Mascarino dazugeben und nochmals maximal 10 Sekunden mixen.

Sirup und Vanillezucker ca. 5 Sekunden unterrühren. Zum Schluss die italienische Meringue mit der Hand unterheben.

In einen Dressiersack mit 18-mm-Sterntülle füllen und in kreisenden Bewegungen aufdressieren.

12 PORTIONEN

Sponge-Empfehlung zum Vanille-Topping:
Bananen-Macadamia-Sponge S. 26/27
Herzenströster-Brownie-Sponge S. 86/87
Vanille-Sponge S. 44/45

GLOSSAR

Dressiersack, Tülle

ZEITANGABEN

Pudding: ca. 20 Minuten
Sirup: ca. 15 Minuten
Topping: ca. 10 Minuten
plus Zeit zum Aufdressieren

ZUTATEN

Für das Topping:

400 g	Pudding
500 g	Mascarino
10 EL	Vanillesirup (siehe S. 36/37)
1 Pkg.	Vanillezucker (8 g)
100 g	italienische Meringue (siehe S. 22/23)

Für den Pudding:

430 ml	Obers
70 g	Kristallzucker
2 Pkg.	Vanillezucker (16 g)
50 g	Speisestärke (Maizena)
1	Eidotter

1

2

3

4

How to do?

Schneller Schoko-Dekor

Für diesen einfach und schnell herzustellenden, aber sehr effektvollen Dekor brauchen Sie nur je einen Becher handelsübliche dunkle und helle Pflanzenfettglasur aus dem Supermarkt, die Sie wie auf der Packungsanleitung beschrieben erwärmen (meistens 10 Minuten mit geschlossenem Deckel im Wasserbad).

Legen Sie eine Overheadfolie auf Ihre Arbeitsfläche. Gießen Sie zuerst die flüssige, dunkle Glasur darauf und streichen sie schnell mit einer Spachtel glatt. Danach zeichnen Sie mit der hellen Glasur ein Muster hinein.

Nach 15–20 Minuten ist Ihr Kunstwerk schnittfest. Schneiden Sie es vorsichtig in kleine Stücke und verzieren Ihre Cupcakes damit! Den Rest können Sie im Kühlschrank aufbewahren.

Tipp: Wenn Sie Glasur ohne Milchpulver kaufen, ist dieser Dekor vegan.

ZUTATEN

190 g	dunkle Kuvertüre, 45 % Kakaoanteil
170 g	Butter
50 g	Mandel
200 g	Haselnüsse
4	zimmerwarme Bio-Freilandeier, Größe M
1	Prise Salz
70 g	Staubzucker
50 g	glattes Weizenmehl
1 TL	Backpulver
12 TL	Nutella

Herzenströster-Brownie-Sponge

Wenn das Herz schwer, der Kummer groß, die Liebe dahin ist und die Sehnsucht sich im Magen breit macht, gibt es nur ein Trostpflaster: unseren Brownie-Sponge!

Warm genossen, mit etwas flüssiger Nuss-Nougat-Creme mittendrin, zergeht er langsam auf der Zunge. Dann die Augen schließen, tief durch die Nase einatmen und daran denken, dass alles wieder gut wird. Sicher.

Rohr auf 180 Grad Ober- und Unterhitze vorheizen.

Kuvertüre und Butter auf dem Wasserbad schmelzen.

Wenn Sie wenig Übung im Umgang mit Wasserbädern haben: Eine genaue Anleitung finden Sie beim Schoko-Schoko-Sponge-Rezept auf S. 38/39.

Mandeln und Haselnüsse hacken.

Sie können natürlich auch bereits gehackte Mandel und Haselnüsse verwenden.

Eier, Salz und Staubzucker mixen.

Idealerweise so lange, bis die Eier schön schaumig und hellgelb sind.

Die flüssige Butter-Schokoladen-Mischung langsam einfließen lassen.

Lassen Sie die Butter-Schokoladen-Mischung langsam in die Schüssel mit den Eiern hineinfließen und mixen Sie dabei mit der niedrigsten Stufe, bis die Masse homogen schokoladenbraun ist.

Weizenmehl, Backpulver, Mandeln und Haselnüsse vermischen und dazugeben.

Wichtig ist dabei, dass alle trockenen Zutaten schon gut vermengt sind, bevor sie in die flüssigen Zutaten eingerührt werden. Damit wird Klumpenbildung besser vermieden und man muss nicht mehr allzu lange die gesamte Kuchenmasse mixen, bis alles schön homogen vermengt ist.

Masse ca. 1 cm hoch in Förmchen einfüllen, je 1 TL Nutella daraufgeben. Mit dem restlichen Teig Förmchen bis zu ⅔ auffüllen, ca. 20 Minuten backen.

12 PORTIONEN

Topping-Empfehlung zum Herzenströster-Brownie-Sponge:
Schoko-Ganache-Topping S. 70/71
Sommerliches Minze-Matcha-Topping S. 34/35
Vanille-Topping S. 82/83

EINFÜLLHÖHE

⅔ des Förmchens

ZEITANGABEN

Vorbereitung:
ca. 20 Minuten
Backzeit: ca. 20 Minuten

Cupcakes im Glas

Da wir das erste Cupcake-Geschäft in ganz Österreich waren, sind Kunden von weit her gereist, um sich unsere Köstlichkeiten nach Hause zu holen. Weil so ein Cupcake aber ein sensibles Wesen ist, am besten frisch genossen wird und auf langen Transportwegen ein wenig leidet, haben wir nach einer Lösung gesucht, um das süße Glück transportfähig zu machen – und gefunden: Wir haben unsere Cupcakes in Gläser gefüllt! Die Freude unserer Kunden war groß ...

ZUTATEN

Für das Topping:

180 g	Rohmarzipan
75 ml	Amaretto
400 g	Mascarino
150 g	Topfen (20 % Fett, streichfähig, kein Bröseltopfen)
180 g	Pudding

Für den Pudding:

200 ml	Milch
1 EL	Amaretto
30 g	Kristallzucker
1 Pkg.	Vanillezucker (8 g)
20 g	Speisestärke (Maizena)
1	Eidotter

Marzipan-Amaretto-Topping

Tipps!
Für dieses Rezept bitte unbedingt Rohmarzipan verwenden, Modelliermarzipan wäre ungeeignet.
Bereiten Sie den Pudding am Vortag zu.

Milch, Amaretto, Kristallzucker, Vanillezucker, Speisestärke und Eidotter zu Pudding kochen und über Nacht auskühlen lassen.

Eine detaillierte Beschreibung der Puddingzubereitung finden Sie beim Mango-Topping (S. 28/29).

Für das Topping Marzipan und Amaretto zuerst 2–3 Minuten auf niedrigster, dann 2 Minuten auf höchster Stufe glatt rühren.

In einer separaten Schüssel den kalten Pudding ca. 10 Sekunden cremig rühren. Restliche Zutaten dazugeben und ca. weitere 10 Sekunden auf mittlerer Stufe mixen.

In einen Dressiersack mit 18-mm-Sterntülle füllen und in kreisenden Bewegungen aufdressieren.

12 PORTIONEN

Sponge-Empfehlung zum Marzipan-Amaretto-Topping:
Heller Milch-Sponge S. 128/129
Mohn-Sponge S. 98/99
Nuss-Mandel-Sponge S. 94/95

GLOSSAR

Dressiersack, Tülle

ZEITANGABEN

Pudding: ca. 15 Minuten
Topping: ca. 10 Minuten
plus Zeit zum Aufdressieren

ZUTATEN

150 g	rote Ribiseln
1	Eiklar
500 g	Kristallzucker

Gezuckerte Früchte

Gezuckerter Dekor auf Cupcakes sieht immer besonders einladend aus! Ihrer Phantasie können Sie freien Lauf lassen: Ob Ribiseln oder essbare Blüten (z.B. die Rosenblütenblätter für den Rosenblüten-Cupcake) – alles funktioniert nach dem gleichen Prinzip.

Gewaschene und abgetrocknete Früchte mit Eiklar bestreichen. Jede Rispe ein paar Sekunden abtropfen lassen, dann in Kristallzucker wälzen.

Achten Sie darauf, dass so vicl wie möglich von den Früchten mit Zucker bedeckt ist.

Auf einen Teller oder ein Kuchengitter zum Trocknen legen – und fertig!

ZEITANGABEN

Ca. 10 Minuten

Nuss-Mandel-Sponge

Tipp!
Legen Sie alle Zutaten, die aus dem Kühlschrank kommen, 2 Stunden bevor Sie zu backen beginnen heraus. Sie erreichen ein optimales Backergebnis nur dann, wenn alle Zutaten die gleiche, zimmerwarme Temperatur haben!

Rohr auf 180 Grad bei Ober- und Unterhitze vorheizen.

Die zimmerwarme Butter, Vanillezucker und Zitronenzesten schaumig rühren.

Damit die Butter schaumig genug ist, mindestens 4–5 Minuten auf höchster Stufe rühren. Dieses Rezept kommt ganz ohne zusätzlichem Backtriebmittel aus. Ihre Chance, trotzdem einen fluffig-leichten Kuchen zu bekommen, liegt also darin, möglichst viel Luft in die Masse einzurühren!

Eier trennen, Eidotter nach und nach in die Buttermasse einrühren.

Am besten mit der niedrigsten Stufe mixen und jeden Eidotter einzeln unterrühren, bis er ganz in der Masse verschwunden ist.

Eiklar, Kristallzucker und Salz in einer separaten Schüssel zu schmierigem Schnee schlagen.

Oft sagt man, dass der Eischnee so fest sein soll, dass man die Schüssel über den Kopf halten kann und nichts herausrutscht. Davon rate ich ab, weil er sich bei dieser Festigkeit nicht mehr homogen unter die Butter-Eier-Masse ziehen lässt und immer wieder kleine »Eischnee-Inseln« in der Masse bleiben.

Weizenmehl mit Mandeln und Haselnüssen in die Buttermasse einrühren.

Achtung, nur auf niedrigster Stufe mixen, damit Sie sich das Volumen nicht wieder »zusammen rühren«. Also nicht zu lange und sehr sachte rühren.

Eischnee unterheben.

Einfach nur kurz mit der Hand und einer Teigkarte oder einem Kochlöffel. Sachte, sachte ist auch hier wieder die Vorgabe.

Schnell in Papierförmchen einfüllen, in das vorgeheizte Backrohr schieben und die Temperatur sofort auf 160 Grad reduzieren.

Ab und zu die Ofentür öffnen, da idealerweise bei »offenem Zug« gebacken werden sollte (oder Sie klemmen einen Holzkochlöffel in die Tür, sodass diese einen Spalt offenbleibt).

12 PORTIONEN

Topping-Empfehlung zum Nuss-Mandel-Sponge:
Brombeer-Limetten-Topping S. 96/97
Marzipan-Amaretto-Topping S. 90/91
Weißes Schoko-Topping S. 102/103

GLOSSAR

Offener Zug

EINFÜLLHÖHE

¾ des Förmchens

ZEITANGABEN

Vorbereitung: ca. 28 Minuten
Backzeit: ca. 20 Minuten

ZUTATEN

130 g	zimmerwarme Butter
1 TL	Vanillezucker
1 TL	Zitronenzesten
4	Bio-Freilandeier, Größe M
130 g	Kristallzucker
1	Prise Salz
70 g	glattes Weizenmehl
40 g	gemahlene Mandeln
100 g	gemahlene Haselnüsse

ZUTATEN

Für das Topping:

130 g	Pudding
330 g	Mascarino
300 g	Topfen (20 % Fett, streichfähig, kein Bröseltopfen)
145 g	eingekochte Brombeeren
	Saft und Abrieb von ½ Bio Limette
15 g	Staubzucker

Für den Pudding:

150 ml	Obers
25 g	Kristallzucker
1 Pkg.	Vanillezucker (8 g)
20 g	Speisestärke (Maizena)
1	Eidotter

Für die eingekochten Brombeeren:

150 g	Brombeeren (frisch oder tiefgekühlt)
150 g	Gelierzucker
	Abrieb von ½ Bio-Limette

Brombeer-Limetten-Topping

Tipp!
Bereiten Sie Pudding und Brombeeren am Vortag zu.

Brombeeren mit Gelierzucker und Limettenabrieb zum Kochen bringen. Immer wieder umrühren und ca. 5 Minuten kochen lassen. Über Nacht auskühlen lassen und in den Kühlschrank stellen. Am nächsten Tag fein pürieren und durch ein Sieb streichen.

Für eine schnelle Variante können Sie die eingekochten Brombeeren natürlich auch durch eine hochwertige Marmelade aus dem Supermarkt ersetzen.

Obers, Kristallzucker, Vanillezucker, Speisestärke und Eidotter zu Pudding kochen und über Nacht auskühlen lassen.

Eine detaillierte Beschreibung der Puddingzubereitung finden Sie beim Mango-Topping (S. 28/29).

Ausgekühlten Pudding auf niedrigster Stufe ca. 20 Sekunden glatt rühren. Mascarino, Topfen, Brombeerpüree, Limettensaft und -abrieb sowie Staubzucker zugeben und weitere 5–10 Sekunden mixen.

In einen Dressiersack mit 18-mm-Sterntülle füllen und in kreisenden Bewegungen aufdressieren.

12 PORTIONEN

Sponge-Empfehlung zum Brombeer-Limetten-Topping:
Heller Milch-Sponge S. 128/129
Mohn-Sponge S. 98/99
Nuss-Mandel-Sponge S. 94/95

GLOSSAR

Dressiersack, Tülle

ZEITANGABEN

Am Vortag:
ca. 15 Minuten
Topping: ca. 10 Minuten plus Zeit zum Aufdressieren

Mohn-Sponge

Tipps!
Da das Mehl in diesem Rezept durch Mohn und Nüsse ersetzt wird, ist dieser Sponge wunderbar für glutenintolerante Menschen geeignet! Wenn Sie Butter durch Margarine ersetzen, ist dieser Sponge auch laktosefrei!

Rohr auf 180 Grad bei Ober- und Unterhitze vorheizen.

Eier in Eidotter und Eiklar trennen.

Die Schüssel für das Eiklar muss absolut sauber und fettfrei sein, sonst wird der Eischnee nicht schön.

Eiklar mit dem Kristallzucker zu schmierigem Schnee schlagen.
In einer separaten Schüssel Butter, Staubzucker, Zimt, Salz, Zitronensaft und Rum schaumig rühren.

Mixen Sie mindestens 3 Minuten auf höchster Stufe. Je weniger man bei den Toppings rühren und mixen soll, desto wichtiger ist es bei den Sponges! Denn wenn kein Backtriebmittel enthalten ist, muss auf andere Weise Luft in die Masse kommen, damit das Ergebnis schön fluffig und leicht wird. Und das erreichen Sie, wenn Sie viel Luft in die Masse einrühren.

Eidotter einzeln unterrühren.

Wieder 2 Minuten auf höchster Stufe mixen.

Abwechselnd Mohn, Nüsse und Eischnee händisch unter die Butter-Eier-Masse heben.

Hier ist Fingerspitzengefühl angesagt! Nehmen Sie eine Teigkarte oder auch einfach nur Ihre bloße Hand (damit haben Sie am meisten Gefühl) und vermengen Sie alles sehr vorsichtig. Einmal zu viel gerührt, ist die ganze Luftigkeit wieder dahin, die Sie vorhin mit dem Mixer extra in die Masse hineingeschlagen haben.

In Papierförmchen einfüllen und ca. 20 Minuten backen.

Mohn ist etwas Wunderbares. Angefangen von der knallroten Mohnblüte, die aus Mohnfeldern glühende Farbpunkte in der Landschaft macht, bis hin zum einzigartigen Geschmack des feinen Mohnkornes.

Wir verwenden für unsere Cupcakes Waldviertler Graumohn. Dieser Sponge ist einer meiner ganz persönlichen Lieblinge – saftig, weich und sehr geschmacksintensiv.

12 PORTIONEN

Topping-Empfehlung zum Mohn-Sponge:
Brombeer-Limetten-Topping S. 96/97
Zitronen-Topping S. 126/127
Marzipan-Amaretto-Topping S. 90/91

EINFÜLLHÖHE

2/3 des Förmchens

ZEITANGABEN

Vorbereitung: ca. 20 Minuten
Backzeit: ca. 20 Minuten

ZUTATEN

4	zimmerwarme Bio-Freilandeier, Größe M
70 g	Kristallzucker
100 g	zimmerwarme Butter
40 g	Staubzucker
¼ TL	Zimt
1 Prise	Salz
1 EL	Zitronensaft
3 EL	Rum
125 g	gemahlener Mohn
75 g	geriebene Haselnüsse

How to do?

Faltanleitung

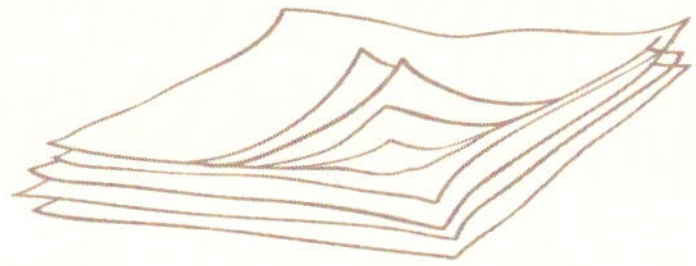

10 Blätter Seidenpapier übereinanderlegen.

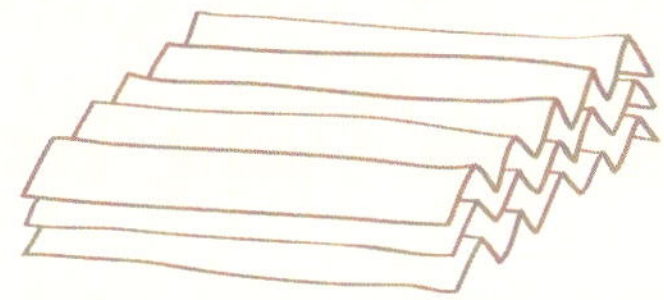

Alle Blätter gemeinsam zickzack-artig zusammenfalten (ca. 2–3 cm Breite).

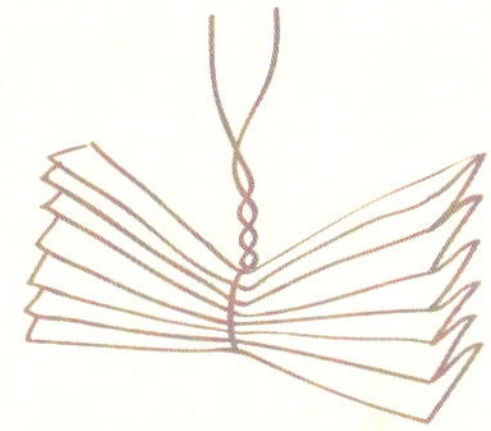

Alle Blätter in der Mitte mit einem Draht zusammenbinden und die schmalen Enden mit einer Schere abrunden.

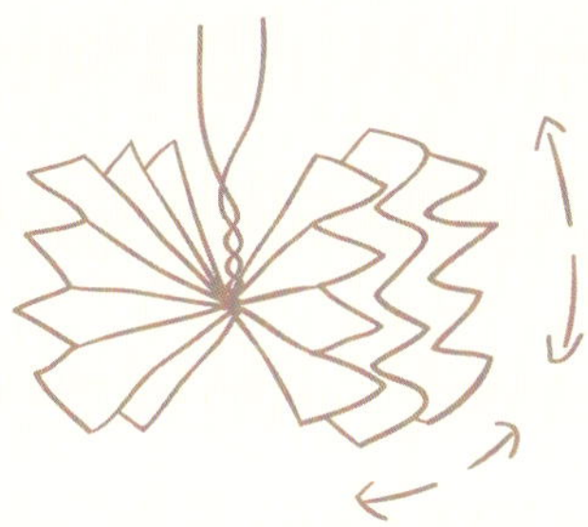

In Anschluss einzelne Lagen des Seidenpapiers auffalten und schon ist der Pompon fertig.

Weißes Schoko-Topping

Tipps!
Marzipanrosen sind ein wunderbarer Dekor für dieses Topping.
Ganache am Vortag vorbereiten.

Für die Ganache Obers in einem Topf zum Kochen bringen, sofort vom Herd nehmen und die fein gehackte Kuvertüre darin schmelzen. Über Nacht auskühlen lassen.

Eine detaillierte Beschreibung der Zubereitung finden Sie auf Seite 70.

Für das Mousse Kuvertüre fein hacken und über dem Wasserbad schmelzen. Vom Herd nehmen und 40 ml Obers einrühren. Solange mit dem Mixer auf höchster Stufe mixen, bis die Kuvertüre nur noch lauwarm ist.

Eidotter schaumig mixen, bis sie fast hellgelb sind, und auf niedriger Stufe unter das Mousse rühren.

Restliches Obers steif schlagen und vorsichtig mit dem Schneebesen unterheben.

Mousse 30 Minuten in den Kühlschrank stellen.

Für das Topping Mascarino, Frischkäse und 140 g Ganache mit dem Mixer ca. 5 Sekunden auf mittlerer Stufe mixen. Mousse dazugeben und mixen, bis das Topping standfest ist (ca. 10 Sekunden auf mittlerer Stufe).

Mit einer 18-mm-Rundtülle in kreisenden Bewegungen auf den Sponge aufdressieren und nach Lust und Laune in Haselnusskrokant wälzen.

Zur Technik, wie man Topping wälzt, siehe Kokos-Topping (S. 40–43).

Dieses Rezept ist eines der aufwendigsten in diesem Buch und bedarf viel Liebe, Geduld und ein bisschen Erfahrung. Doch auch für erfahrene Cupcakes-Könner ist es in so kleinen Mengen schwierig, ein flaumiges Mousse zu zaubern. Deshalb ist mein Tipp, die doppelte Menge zu machen. Sie werden sehen, es ist leichter 130 g Eidotter schaumig zu schlagen als 65 g, die nicht mal den Boden einer kleinen Rührschüssel bedecken. Außerdem … ist dieses Topping so grandios gut, dass Sie mit Sicherheit genügend Abnehmer auch für die doppelte Menge finden!

12 PORTIONEN

Sponge-Empfehlung zum weißen Schoko-Topping:
Marmor-Sponge S. 114/115
Kardamom-Honig-Sponge S. 104/105
Nuss-Mandel-Sponge S. 94/95

GLOSSAR

Dressiersack, Tülle

ZEITANGABEN

Am Vortag:
ca. 15 Minuten
Topping: ca. 10 Minuten
plus Zeit zum Aufdressieren

ZUTATEN

Für die Ganache:		Für das Topping:	
65 ml	Obers	375 g	Mascarino
115 g	weiße Kuvertüre	45 g	Frischkäse
		300 g	Mousse
Für das Mousse:		140 g	weiße Ganache
250 g	weiße Kuvertüre		
200 ml	Obers	Dekor:	
65 g	Eidotter	50 g	Haselnusskrokant

ZUTATEN

120 g	Honig
80 g	brauner Zucker
1 Pkg.	Vanillezucker (8 g)
3 EL	Milch
2	Bio-Freilandeier, Größe M
1 TL	gemahlener Zimt
1 TL	Kardamom
75 g	Sonnenblumen- oder Rapsöl
190 g	geraspelte Zucchini
70 g	geriebene Haselnüsse
130 g	glattes Weizenmehl
2 TL	Backpulver

Kardamom-Honig-Sponge

Rohr auf 180 Grad Ober- und Unterhitze vorheizen.

Honig, Zucker, Vanillezucker und Milch in einem Topf miteinander auflösen.

Eier auf höchster Stufe ca. 3–4 Minuten schaumig rühren.

Zimt, Kardamom und Öl mit den schaumig gerührten Eiern verrühren, flüssige Honig-Zucker-Mischung sowie Zucchini unterrühren.

In einer separaten Schüssel Haselnüsse, Mehl und Backpulver grob miteinander vermischen, dann in die flüssige Masse einrühren.

12 PORTIONEN

Topping-Empfehlung zum Kardamom-Honig-Sponge:
Mango-Topping S. 28/29
Weißes Schoko-Topping S. 102/103
Winterliches Bratapfel-Topping S. 130/131

EINFÜLLHÖHE

⅔ des Förmchens

ZEITANGABEN

Vorbereitung: ca. 20 Minuten
Backzeit: ca. 25 Minuten

Red-Velvet-Topping

Frischkäse, Vanillezucker und Staubzucker ca. 10 Sekunden auf niedrigster Stufe cremig rühren.

Obers auf niedrigster Stufen einrühren, dann die Masse ca. 1 Minute auf höchster Stufe schlagen, bis das Obers fest geworden ist.

In einen Dressiersack mit 18-mm-Sterntülle füllen, mit kreisenden Bewegungen aufdressieren und mit Zuckerstreuseln verzieren.

12 PORTIONEN

Sponge-Empfehlung zum Red-Velvet-Topping: Red-Velvet-Sponge S. 108/109

GLOSSAR

Dressiersack, Tülle

ZEITANGABEN

Ca. 10 Minuten plus Zeit zum Aufdressieren

ZUTATEN

600 g	Frischkäse, Doppelrahmstufe
1 TL	Vanillezucker
145 g	Staubzucker
360 ml	Obers, mind. 32 % Fettgehalt
	einige rote Zuckerstreusel

ZUTATEN

2	Bio-Freilandeier, Größe M
100 g	zimmerwarme Butter
200 g	glattes Weizenmehl
1 TL	Vanillezucker
½ TL	Backpulver
½ TL	Salz
20 g	Kakaopulver
240 g	Zucker
200 g	Buttermilch
½ TL	rote Lebensmittelfarbe
1 TL	heller Essig
1 TL	Natron

Red Velvet-Sponge

Rohr auf 180 Grad Ober- und Unterhitze vorheizen.

Eier und Butter mit dem Mixer auf höchster Stufe schaumig rühren.

Je fluffiger und heller die Masse wird, desto leichter und flaumiger ist auch das Endprodukt! Also rühren Sie ruhig 3–5 Minuten, bis alles schön hellgelb, fast weiß ist. Sie können dabei nichts falsch machen.

Mehl, Vanillezucker, Backpulver, Salz, Kakao, Zucker, Buttermilch und Lebensmittelfarbe dazugeben und weitere 5–7 Minuten schlagen.

Sie werden eine Freude haben an der schönen, glänzenden Masse und der wunderbar roten Farbe. So ein Kuchen ist wirklich mal etwas Anderes!

In einer kleinen Schale Essig und Natron verrühren und schnell zur roten Masse geben. Kurz verrühren und gleich in die Backförmchen einfüllen.

Die Masse geht sehr hoch auf, deshalb die Förmchen maximal bis zur Hälfte befüllen.

Ca. 35 Minuten backen.

12 PORTIONEN

Topping-Empfehlung zum Red-Velvet-Sponge: Red-Velvet-Topping S. 106/107

EINFÜLLHÖHE

Max. Hälfte des Förmchens

ZEITANGABEN

Vorbereitung: ca. 20 Minuten
Backzeit: ca. 35 Minuten

Tiramisu-Topping

Tipps!
Den Pudding am Vortag zubereiten.
Die Meringue süßt einerseits, andererseits macht sie das Topping auch fluffig. Aber wenn es schnell gehen muss, können Sie die Meringue auch weglassen und die fehlende Süße durch Staubzucker nach Belieben ersetzen.

Rohr auf 180 Grad Ober- und Unterhitze vorheizen.

Für den Pudding 40 ml Milch, Eidotter und Maizena gut mit einer Gabel in einer Tasse verrühren.

> So lange rühren, bis wirklich kein einziges Klümpchen mehr vorhanden ist!

Restliche Milch mit Zucker, Kaffee und Amaretto aufkochen. Sobald sie aufkocht, die Maizena-Eidotter-Mischung unter ständigem Rühren mit einem Schneebesen dazugeben.

> Auch wenn Sie geübt sind – Pudding brennt schnell und ohne Vorwarnung an. Deshalb wirklich ständig rühren.

Kochen, bis die Creme eindickt und die Konsistenz eines Puddings bekommt. Dann auskühlen lassen und in den Kühlschrank stellen (am besten über Nacht).

Für das Topping kalten Tiramisupudding mit dem Mixer auf mittlerer Stufe ca. 10–20 Sekunden cremig rühren. Mascarino dazurühren, bei Bedarf nachsüßen. Nochmals ca. 10 Sekunden auf mittlerer Stufe rühren.

Die Meringue händisch unterheben.

Topping in einen Dressiersack mit Sterntülle füllen und in kreisenden Bewegungen aufdressieren.

12 PORTIONEN

Sponge-Empfehlung zum Tiramisu-Topping:
Marmor-Sponge S. 114/115
Veganer Schokoladen-Sponge S. 124/125

GLOSSAR

Dressiersack, Tülle

ZEITANGABEN

Pudding: ca. 15 Minuten
Topping: ca. 10 Minuten
plus Zeit zum Aufdressieren

ZUTATEN

Für das Topping:

250 g	Tiramisupudding
500 g	Mascarino
	bei Bedarf Staubzucker zum Nachsüßen
200 g	italienische Meringue (siehe S. 22/23)

Für den Tiramisupudding:

250 ml	Milch
1	Eidotter
25 g	Speisestärke (Maizena)
40 g	Zucker
2 TL	löslicher Kaffee
1 EL	Amaretto

ZUTATEN

125 g	zimmerwarme Butter
125 g	Kristallzucker
1 Prise	Salz
2	zimmerwarme Bio-Freilandeier, Größe M
250 g	glattes Weizenmehl
1 Pkg.	Vanillezucker (8 g)
2 TL	Backpulver
⅛ l	Milch
3 EL	ungesüßter Kakao

Marmor-Sponge

Das ist mein ganz persönlicher Sponge für Anfänger. Dieses Rezept ist so einfach, dass es jedem gelingt, ich lege es allen Backunerfahrenen wärmstens ans Herz! Bei diesem Rezept müssen Sie weder Eier trennen noch Eischnee schlagen und geschickt unterziehen. Die Triebkraft kommt hier ausschließlich vom Backpulver. Ein schnelles Erfolgserlebnis ist Ihnen garantiert!

12 PORTIONEN

Topping-Empfehlung zum Marmor-Sponge:
Bananen-Topping S. 56/57
Tiramisu-Topping S. 112/113
Weißes Schoko-Topping S. 102/103

EINFÜLLHÖHE

2/3 des Förmchens

ZEITANGABEN

Vorbereitung: ca. 20 Minuten
Backzeit: ca. 30 Minuten

Tipp!
Wenn Sie Butter durch Margarine und Milch durch Sojamilch ersetzen, ist dieser Sponge laktosefrei!

Rohr auf 180 Grad Ober- und Unterhitze vorheizen.

Butter, Zucker und Salz mit dem Mixer 3 Minuten auf höchster Stufe rühren. Eier dazugeben und weiterrühren.
Wieder ca. 2 Minuten auf höchster Stufe rühren.

In einer separaten Schüssel Mehl mit Vanillezucker und Backpulver grob mit einem Löffel verrühren und löffelweise unter die Butter-Eier-Masse rühren.
Das können Sie ruhig mit dem Mixer machen. Zuerst auf niedriger Stufe und dann auf mittlerer Stufe alles gut unterrühren. Die Masse wird ziemlich fest und bildet einen Klumpen rund um Ihren Quirl.

Milch dazugeben und weiterrühren.
So wird die Masse wieder etwas flüssiger.

Mit der Teigkarte die Hälfte der Masse in eine neue Schüssel geben und den Kakao einrühren.
Das können Sie auch wieder ruhig mit dem Mixer machen. Das Herrliche an diesem Rezept ist, dass Sie nichts »zerrühren« können – weil Sie ja das Backpulver als Triebmittel haben.

Sobald der Kakao die Masse dunkelbraun gefärbt hat, die beiden Teighälften wieder zueinander geben und mit einem Löffel ein schönes dunkelhelles Marmormuster in die Masse rühren.
Je mehr Sie rühren, desto schwächer wird der Kontrast in der Marmorierung. Wenn Sie es ganz klassisch hell-dunkel möchten, sollten Sie nur ein bisschen rühren oder die Teighälften nicht vermischen.

In Papierförmchen einfüllen und ca. 30 Minuten backen.
Die Masse ist relativ dick und kann gut mit einem Löffel in die Förmchen eingefüllt werden.

Buttercreme-Toppings

Sehr klassisch, vor allem in Amerika, ist die Zubereitung von Cupcake-Toppings mit Buttercreme. Für meinen Geschmack ist das etwas zu fett und zu schwer, aber wenn es um spezielle Dekorationen geht, erzielt man damit einfach umwerfende Ergebnisse.

Es gibt viele Arten, Buttercreme zu machen, ich stelle Ihnen auf dieser und den folgenden Seiten drei vor. Entscheiden Sie, welche Art Ihnen am meisten liegt.

Tipp!
Wenn Sie ganz weiße Buttercreme möchten, nehmen Sie Kokosfett statt Butter.

1. Schnelle Buttercreme für Ungeduldige

Eiklar in einer vollkommen fettfreien Schüssel über ein Wasserbad stellen und den Kristall- und Vanillezucker unter ständigem Rühren darin auflösen.

> Das dauert nicht länger als 3 Minuten. Ob der Zucker sich schon aufgelöst hat, erkennen Sie daran, dass Sie zwischen den Fingern keine Kristalle mehr spüren. (Bei Bedarf finden Sie eine detaillierte Anleitung fürs Wasserbad auf Seite 39).

Vom Wasserbad nehmen und die Eiklar-Zucker Mischung ca. 3 Minuten auf höchster Stufe mixen.

Zimmerwarme Butter in kleinen Stückchen unterrühren (ca. 3 Minuten). Je nachdem, wie weich die Butter war, die fertige Creme noch 10–20 Minuten in den Kühlschrank stellen.

Zum Einfärben einen Teil der Buttercreme in eine separate Schüssel geben, Farbe hinzufügen und nochmals 10 Sekunden mixen.

12 PORTIONEN

Sponge-Empfehlung zu Buttercreme-Toppings: jeder Sponge, der Ihnen schmeckt!

ZEITANGABEN

20 Minuten plus Zeit zum Aufdressieren

TÜLLE

Blatttülle

ZUTATEN

200 g	Eiklar
300 g	Kristallzucker
2 Pkg.	Vanillezucker (16 g)
400 g	zimmerwarme Butter
	Lebensmittelfarbe

ZUTATEN

Für die italienische Buttercreme:

250 g	Kristallzucker
75 ml	Wasser
125 g	Eiklar
1 Pkg.	Vanillezucker (8 g)
450 g	zimmerwarme Butter
1 Prise	Salz
	Lebensmittelfarbe

Für die deutsche Buttercreme:

300 g	Milch
1 Pkg.	Vanillezucker (8 g)
60 g	Kristallzucker
25 g	Speisestärke
15 g	Eidotter
360 g	zimmerwarme Butter
42 g	Staubzucker
1 Prise	Salz
	Lebensmittelfarbe

Buttercreme-Toppings

2. Italienische Buttercreme

200 g Kristallzucker und Wasser auf 118 Grad kochen. Währenddessen Eiklar, Vanillezucker und restlichen Kristallzucker zu Schnee schlagen. Gekochten Zucker langsam einrieseln lassen und kalt schlagen.

> Eine detaillierte Anleitung finden Sie bei der italienischen Meringue auf Seite 22/23.

Butter und Salz ca. 3 Minuten schaumig rühren und dann am besten mit der Hand unter die kaltgeschlagene Zucker-Eiklar-Mischung rühren oder auf niedrigster Stufe einmixen.

3. Deutsche Buttercreme

Milch, Vanillezucker, Kristallzucker, Speisestärke und Eidotter zu Pudding kochen und über Nacht auskühlen lassen.

> Eine detaillierte Beschreibung der Puddingzubereitung finden Sie beim Mango-Topping (S. 28/29).

Zimmerwarme Butter und Staubzucker ca. 3–4 Minuten auf höchster Stufe schaumig mixen. Den kalten Pudding auf mittlerer Stufe ca. 10 Sekunden einrühren.

12 PORTIONEN

Sponge-Empfehlung zu Buttercreme-Toppings: jeder Sponge, der Ihnen schmeckt!

GLOSSAR

kaltschlagen

ZEITANGABEN

Italienische Buttercreme: 50 Minuten plus Zeit zum Aufdressieren
Deutsche Buttercreme: Pudding 15 Minuten
Buttercreme 10 Minuten plus Zeit zum Aufdressieren

1

2

3

4

How to do?

Buttercreme aufdressieren

Um Buttercremen in schönen Formen aufdressieren zu können, braucht man eine besondere Tülle: die sogenannte Rosenblatt-Tülle. Sie ist sehr schmal und leicht geschwungen, wie man auf den Bildern auf der linken Seite sieht. Hier verwenden wir sie in einer Breite von 14 mm.

Bei dieser Art des Aufdressierens füllen Sie nur so viel Buttercreme in den Dressiersack, wie Sie ganz bequem in Ihrer Handfläche halten können. Danach nehmen Sie am Anfang am besten den Sponge in die Hand und »zeichnen« ein verkehrtes »U« neben dem anderen und Reihe über Reihe.

Wenn Sie es bunt haben möchten, färben Sie einen Teil der Buttercreme mit Lebensmittelfarbe.

Veganes Schoko-Topping

Tipps!
Vanillesirup und Pudding am Vortag zubereiten und über Nacht auskühlen lassen.
Sie können auch fertigen Vanillesirup kaufen oder ihn gänzlich ersetzen, indem Sie insgesamt 4 Pkg. Vanillezucker in die Schokolade einrühren.

Für den Pudding Vanilleschoten der Länge nach aufschneiden, auskratzen und sowohl das Mark als auch die Schote in einem Topf mit Kristall- und Vanillezucker und ¾ der Sojamilch aufkochen lassen.

> So lange aufkochen, bis keine Zuckerkristalle mehr zu sehen und zu spüren sind, wenn Sie umrühren.

Restliche Sojamilch mit der Speisestärke glatt rühren. Die Mischung in die aufkochende Sojamilch mengen und gut umrühren. Sofort vom Herd nehmen, aber weiter kräftig rühren.
Nochmals auf die Herdplatte stellen, ein letztes Mal aufkochen lassen. Von der Herdplatte nehmen, in eine Schüssel füllen, auskühlen lassen und über Nacht kalt stellen.

> Eine detaillierte Beschreibung der Puddingzubereitung finden Sie beim Rezept für Mango-Topping (S. 28/29).

Kuvertüre über einem Wasserbad schmelzen und Vanillezucker darin auflösen.

> Wenn Sie wenig Übung im Umgang mit Wasserbädern haben: Eine genaue Anleitung finden Sie beim Schoko-Schoko-Sponge-Rezept auf S. 38/39.

Zimmerwarme, sehr weiche Pflanzenmargarine, Kokosfett und Staubzucker ca. 3 Minuten auf höchster Stufe schaumig mixen.

Vanilleschote aus dem Sojapudding nehmen, Sojapudding auf niedriger Stufe ca. 10 Sekunden einrühren. Geschmolzene Kuvertüre mit dem darin aufgelösten Vanillezucker dazurühren. Vanillesirup und Kakaopulver unterrühren.

Topping in einen Dressiersack mit Rundtülle füllen und mit kreisenden Bewegungen aufdressieren.

12 PORTIONEN

Sponge-Empfehlung zum veganen Schoko-Topping:
Veganer Nuss-Sponge S. 80/81
Veganer Schokoladen-Sponge S. 124/125

GLOSSAR

Dressiersack, Tülle, vegan

ZEITANGABEN

Am Vortag:
ca. 30 Minuten
Topping: ca. 10 Minuten plus Zeit zum Aufdressieren

ZUTATEN

Für das Topping:

265 g	vegane Kuvertüre
2 Pkg.	Vanillezucker (16 g)
200	zimmerwarme Pflanzenmargarine
65 g	Kokosfett (Ceres soft)
200 g	Staubzucker
330 g	Sojapudding
45 g	Vanillesirup (siehe S. 36/37)
85 g	ungesüßtes Kakaopulver

Für den Sojapudding:

2	Vanilleschoten
50 g	Kristallzucker
1 Pkg.	Vanillezucker (8 g)
340 ml	Sojamilch
35 g	Speisestärke (Maizena)

ZUTATEN

180 g	glattes Weizenmehl
190 g	Kristallzucker
30 g	ungesüßtes Kakaopulver
1 TL	Salz
1 Pkg.	Vanillezucker
230 ml	Wasser
80 g	Sonnenblumen- oder Rapsöl
2 EL	Apfelessig
2 TL	Natron

Veganer Schokoladen-Sponge

Tipps!
Wer es gern fruchtig hat, kann frische Heidelbeeren und Himbeeren in den Teig einbacken. Dazu einfach jeweils 5 kleine Früchte nach dem Einfüllen der Kuchenmasse in die Förmchen oben drauf legen.
Dieser Sponge ist laktosefrei!

Rohr auf 180 Grad Ober- und Unterhitze vorheizen.

Alle Zutaten bis auf Essig und Natron in einer Schüssel mit dem Mixer auf niedrigster Stufe gut verrühren.

In einer kleinen Tasse Apfelessig und Natron kurz aufsprudeln lassen und sofort zur restlichen Kuchenmasse geben.
Jetzt nur noch kurz durchrühren!

In Papierförmchen einfüllen und ca. 30 Minuten backen.

12 PORTIONEN

Topping-Empfehlung zum veganen Schokoladen-Sponge:
Bananen-Topping S. 56/57
Rosenblüten-Topping S. 62/63
Schokoladen-Orangen-Topping S. 72/73
Veganes Schoko-Topping S. 122/123

GLOSSAR

vegan

EINFÜLLHÖHE

⅔ des Förmchens

ZEITANGABEN

Vorbereitung:
ca. 20 Minuten
Backzeit: ca. 30 Minuten

Zitronen-Topping

Tipps!
Mit einem Zitronenherz (Anleitung siehe Seite 137) dekorieren!
Die Meringue süßt einerseits, andererseits macht sie das Topping auch fluffig. Aber wenn es schnell gehen muss, können Sie die Meringue auch weglassen und die fehlende Süße durch Staubzucker nach Belieben ersetzen.

Mascarino, Zitronensaft und Zitronenzesten ca. 10 Sekunden auf mittlerer Stufe mixen. Topfen dazugeben, weitere 10 Sekunden mixen.

Die italienische Meringue vorsichtig unterheben, nach Geschmack süßen.

In einen Dressiersack mit 18-mm-Sterntülle füllen und in kreisenden Bewegungen aufdressieren.

12 PORTIONEN

Sponge-Empfehlung zum Zitronen-Topping:
Heller Milch-Sponge S. 128/129
Karotten-Sponge S. 32/33
Mohn-Sponge S. 98/99

GLOSSAR

Zesten

ZEITANGABEN

Ca. 10 Minuten plus Zeit zum Aufdressieren

ZUTATEN

500 g	Mascarino
1 EL	Zitronensaft
2 EL	Zitronenzesten
160 g	Topfen (20 % Fett, streichfähig, kein Bröseltopfen)
100 g	italienische Meringue (siehe S. 22/23)
	Staubzucker nach Geschmack zum Süßen

ZUTATEN

3	Bio-Freilandeier, Größe L
60 g	Staubzucker
1	Vanilleschote
110 ml	Milch
1 Prise	Salz
60 g	Kristallzucker
170 g	Mehl
1 TL	Backpulver

Heller Milch-Sponge

Sollten Sie einmal nur Mehl, Zucker, Milch und Eier zu Hause haben – dann können Sie auch damit Unglaubliches zaubern!

Rohr auf 180 Grad Ober- und Unterhitze vorheizen.

Eier trennen, Eiklar mit dem Staubzucker zu festem Schnee schlagen.

Vanilleschote der Länge nach aufschneiden, Mark herauskratzen. Milch lauwarm erhitzen, Vanillemark dazugeben.

In einer separaten Schüssel Eidotter, Salz und Kristallzucker auf höchster Stufe ca. 2 Minuten hellgelb mixen. Dann die Vanillemilch dazurühren.

Mehl mit Backpulver versieben und auf mittlerer Stufe ca. 10 Sekunden in die Dotter-Milch-Mischung mixen. Eischnee mit einem Kochlöffel oder einer Teigkarte händisch unterheben.

In Förmchen einfüllen und ca. 18 Minuten auf mittlerer Schiene backen.

12 PORTIONEN

Topping-Empfehlung zum hellen Milch-Sponge:
Brombeer-Limetten-Topping S. 96/97
Mango-Topping S. 28/29
Marzipan-Amaretto-Topping S. 90/91
Zitronen-Topping S. 126/127

EINFÜLLHÖHE

Hälfte des Förmchens

ZEITANGABEN

Vorbereitung:
ca. 20 Minuten
Backzeit: ca. 18 Minuten

Winterliches Bratapfel-Topping

Tipps!
Wer möchte, kann die Fülle noch mit über Nacht in Rum eingelegte Datteln und Feigen ergänzen.
Das Bratapfelpüree am Vortag zubereiten.

Rohr auf 160 Grad Ober- und Unterhitze vorheizen.

Äpfel schälen und entkernen.

Zum Entkernen können Sie einen passenden Ausstecher oder einfach ein kleines, schmales Messer benutzen. Wichtig ist nur, dass wirklich das ganze Gehäuse herausgenommen wird.

Rosinen, Haselnüsse, Zimt, Zucker, Rum und Rohmarzipan dazugeben und in die entkernten Äpfel füllen.

Seien Sie ruhig großzügig mit der Füllung und drücken Sie die Masse fest in die Äpfel hinein. In diesem Fall gilt: je mehr, desto besser!

In eine mit Butter befettete Form geben, mit Butterflocken belegen und 40 Minuten im Rohr schmoren.

Auch hier ist Großzügigkeit angesagt! Sparen Sie nicht mit Butterflocken, denn Fett ist ein hervorragender Geschmacksträger!
Behalten Sie Ihre Köstlichkeiten immer im Auge, die Äpfel sollen schön weich und leicht gebräunt sein, aber nicht verbrennen! Im Notfall (Äpfel schon sehr dunkel, aber noch zu fest), Äpfel mit Alufolie bedecken und die Temperatur um 10–20 Grad reduzieren.

Bratäpfel auskühlen lassen, pürieren und über Nacht zugedeckt in den Kühlschrank stellen.

Von der Feinheit dieses Pürees hängt sehr viel ab. Deshalb sollten Sie versuchen, mit dem Pürierstab eine wirklich sehr feine Masse ohne Gehäusestücken, Klumpen oder Kerne zu bekommen. Wenn Sie keinen Pürierstab haben, zerdrücken Sie die Bratäpfel zuerst mit der Gabel, so gut Sie können, und passieren sie danach durch ein Sieb.

Mit Mascarino, Frischkäse und Staubzucker nach Geschmack verrühren.

Aber bitteschön nicht zu lange mixen! Am besten verrühren Sie die Zutaten zuerst ganz sachte mit einem Schneebesen oder einem Kochlöffel und greifen erst danach zum elektrischen Mixer. Sie sollten nicht länger als maximal 15 Sekunden auf höchster Stufe mixen, sonst wird das Topping zu flüssig. Sollte dies der Fall sein, geben Sie noch 1–2 gehäufte EL Mascarino dazu.

In einen Dressiersack mit Sterntülle füllen und aufdressieren.

12 PORTIONEN

Sponge-Empfehlung zum winterlichen Bratapfel-Topping:
Kardamom-Honig-Sponge S. 104/105
Kürbis-Sponge S. 132/133
Alt-Wien-Sponge S. 60/61

GLOSSAR

Dressiersack, Tülle

ZEITANGABEN

Ca. 60 Minuten (davon 40 Minuten Backzeit der Äpfel) plus Zeit zum Aufdressieren

ZUTATEN

Für das Topping:

250 g	Bratapfel-Püree
500 g	Mascarino
150 g	Frischkäse (Doppelrahmstufe)
	Staubzucker nach Geschmack

Für das Bratapfel-Püree:

3	saure Äpfel (ca. 120 g pro Stück)
15 g	Rosinen
15 g	gemahlene Haselnüsse
1 TL	gemahlener Zimt
1 EL	brauner Zucker
2 EL	Rum
50 g	Rohmarzipan
50 g	Butter für die Form
20 g	Butterflocken

ZUTATEN

2	Bio-Freilandeier, Größe M
50 g	Honig
110 g	Kristallzucker
170 g	fein geraspelter Kürbis Ihrer Wahl
140 g	glattes Weizenmehl
75 g	Pflanzenöl
1 Pkg.	Vanillezucker (8 g)
1 TL	gemahlener Zimt
1 TL	Orangenzesten
2 TL	Backpulver
60 g	Kokosflocken

Kürbis-Sponge

Tipps!
Dieser Sponge ist laktosefrei!
Je feiner Sie den Kürbis raspeln, desto homogener verteilt sich die Feuchtigkeit im Sponge.
Sie können jede Kürbisart nehmen, die Ihnen schmeckt: Hokkaido, Butternuss – hier ist alles möglich.

Rohr auf 180 Grad Ober- und Unterhitze vorheizen.

Eier, Honig und Zucker ca. 3–4 Minuten auf höchster Stufe mixen.

Kürbis dazugeben und auf Stufe 1 ca. 10 Sekunden mixen. Restliche Zutaten dazugeben und mit dem Mixer auf Stufe 1 fertig rühren.

> Fertig sind Sie, wenn alles gut vermengt ist und keine »Mehlinseln« oder Kürbis-Häufchen mehr im Teig sind.

In Papierförmchen bis maximal zur Hälfte einfüllen und ca. 30 Minuten backen.

12 PORTIONEN

Topping-Empfehlung zum Kürbis-Sponge:
Winterliches Bratapfel-Topping S. 130/131
Veganes Maroni-Topping S. 78/79

EINFÜLLHÖHE

⅔ des Förmchens

ZEITANGABEN

Vorbereitung: 20 Minuten
Backzeit: ca. 30 Minuten

Himbeer-Topping

Tipps!
Bereiten Sie den Himbeerpudding und die Meringue am Vortag zu.
Wem die Meringue zu aufwendig ist: Man kann auch nur mit Staubzucker süßen. Das Topping wird zwar nicht ganz so fluffig wie mit der Meringue, aber auch sehr gut!

Für den Himbeerpudding Kristallzucker, Obers und 50 ml Himbeer-Fruchtsirup in einem Kochtopf aufkochen lassen.

> Solange aufkochen, bis keine Zuckerkristalle mehr zu sehen und zu spüren sind, wenn Sie umrühren.

Restlichen Sirup mit Speisestärke und Eidotter glatt rühren.

> Sehr gut glatt rühren, sonst haben Sie später Stärke-Klumpen in Ihrem Topping!

In die aufkochende Obers-Sirup-Zucker-Mischung mengen und gut umrühren. Sofort vom Herd nehmen, dabei weiter kräftig rühren. Nochmals für 5 Sekunden auf die Herdplatte stellen. Umrühren und von der Herdplatte nehmen.

> Damit nichts anbrennt, fleißig rühren!

In eine Schüssel füllen und auskühlen lassen.

Für das Topping Himbeeren pürieren und durch ein Sieb streichen.

> Wenn Sie Tiefkühl-Himbeeren verwenden, gießen Sie vorher die Flüssigkeit ab. Zuviel Flüssigkeit macht Ihr Topping zu weich, dann verliert es die Standfestigkeit, die Sie für das Aufdressieren benötigen.

Kalten Pudding ca. 30 Sekunden auf mittlerer Stufe cremig rühren. Danach Himbeerpüree und Staubzucker beimengen und weitere 30 Sekunden mixen. Mascarino und Topfen dazugeben und nochmals ca. 20 Sekunden alles cremig rühren.

Meringue mit der Hand vorsichtig unterheben.

In einen Dressiersack mit 18-mm-Sterntülle füllen und in kreisenden Bewegungen aufdressieren.

12 PORTIONEN

Sponge-Empfehlung zum Himbeer-Topping:
Himbeer-Schoko-Sponge S. 138/139
Schoko-Kakao-Sponge S. 64/65
Schoko-Schoko-Sponge S. 38/39

GLOSSAR

Dressiersack, Tülle

ZEITANGABEN

Am Vortag: ca. 30 Minuten
Topping: ca. 10 Minuten plus Zeit zum Aufdressieren

ZUTATEN

Für das Topping:

120 g	Himbeeren
150 g	Himbeerpudding
60 g	Staubzucker
320 g	Mascarino
250 g	Topfen (20 % Fett, streichfähig, kein Bröseltopfen)
120 g	italienische Meringue (siehe 22/23)

Für den Himbeerpudding:

120 ml	Himbeer-Fruchtsirup (Dicksaft)
110 ml	Obers, mind. 32 % Fettgehalt
35 g	Kristallzucker
25 g	Speisestärke
1	Eidotter

ZUTATEN ZITRONENHERZEN

5 g	Agar-Agar
60 g	Zitronensaft
80 g	Kristallzucker
45 ml	Wasser

ZUTATEN HIMBEER-BLUMEN

10 g	Gelatine
20 ml	Wasser
20 g	Kristallzucker
60 g	Himbeerdicksaft
60 g	pürierte und passierte Himbeeren

Gelee-Dekor

Agar-Agar bekommen Sie im Reformhaus oder in der Apotheke. Es ist ein rein pflanzliches Geliermittel und wird aus den Zellwänden einiger Algenarten – vor allem Rotalgen – gewonnen. Wer den Eigengeschmack von Agar-Agar nicht mag, kann die Zitronen-Herzen auch mit Gelatine zubereiten (wie die Himbeer-Blumen).

1. Vegane Zitronenherzen

Agar-Agar im Zitronensaft über Nacht im Kühlschrank einweichen.

Am nächsten Tag Zucker mit der Agar-Agar-Masse 1–2 Minuten aufkochen. Vom Herd nehmen und das Wasser unterrühren.

Es ist jetzt eine leicht gelbliche Flüssigkeit.

Zum Auskühlen in einen kleinen Behälter gießen, aushärten lassen und Herzen ausstecken.

2. Himbeer-Blumen

Tipp!
Als Himbeersirup können Sie einfach Verdünnungssäfte (1:6) aus dem Supermarkt verwenden. Wenn Sie lieber frische Früchte verwenden, ersetzen Sie einfach den Himbeersirup durch pürierte und passierte frische oder tiefgekühlte Himbeeren.

Gelatine in einem kleinen Topf ca. 5 Minuten im Wasser einlegen.

Topf auf den Herd stellen und bei mittlerer Hitze und ständigem Rühren die Gelatine vollständig im Wasser auflösen.

Zucker zugeben und weiterrühren, bis er sich aufgelöst hat.

Bitte achten Sie darauf, dass die Gelatine nie zu heiß wird, d. h. nicht zu kochen beginnt!

Wenn der Zucker sich aufgelöst hat, Topf vom Herd nehmen und Himbeersirup unterrühren.

In einen kleinen Behälter zum Auskühlen gießen und zum Aushärten in den Kühlschrank stellen.

Am besten wieder über Nacht im Kühlschrank stehen lassen, damit alles schön fest wird!

Am nächsten Tag die Blumen ausstechen.

Himbeer-Schoko-Sponge

Rohr auf 180 Grad Ober- und Unterhitze vorheizen.

Kuvertüre hacken und bei ca. 80 Grad in einer hitzefesten Schüssel im Backrohr schmelzen.

Eier trennen. Eiklar mit der Hälfte des Kristallzuckers zu Schnee schlagen und zur Seite stellen.

In einer separaten Schüssel Butter auf höchster Stufe ca. 2 Minuten hellgelb mixen. Geschmolzene Kuvertüre einrühren und ca. 1 Minute mixen, bis die Masse kalt ist.

Nach und nach Eidotter und restlichen Zucker dazurühren. Weizenmehl auf niedrigster Stufe ca. 30 Sekunden in die Masse rühren. Eischnee mit einem Kochlöffel oder einer Teigkarte unterheben.

Masse in Förmchen füllen, oben drauf jeweils 5 Himbeeren legen und ca. 30 Minuten auf mittlerer Schiene backen.

12 PORTIONEN

Topping-Empfehlung zum Himbeer-Schoko-Sponge:
Himbeer-Topping S. 134/135
Schoko-Ganache-Topping S. 70/71

EINFÜLLHÖHE

2/3 des Förmchens

ZEITANGABEN

Vorbereitungszeit: 20 Minuten
Backzeit: ca. 30 Minuten

ZUTATEN

130 g	dunkle Kuvertüre
3	Bio-Freilandeier, Größe M
130 g	Kristallzucker
130 g	zimmerwarme Butter
130 g	glattes Weizenmehl
60	Himbeeren

Monster-Cupcake

Mit diesen Cupcakes punkten Sie garantiert auf jedem Kindergeburtstag! Sie können dazu jedes helle Topping in diesem Buch verwenden und es mit Lebensmittelfarbe einfärben!

Tipps!
Um Monster-Cupcakes herzustellen, benötigen Sie Sponges und helles Topping Ihrer Wahl (gut passt z.B. Vanille-Topping (S. 82/83) oder Bananen-Topping (S. 56/57)), etwas grüne Lebensmittelfarbe und 2 Smarties sowie 1 runden Keks pro Cupcake.
Bevor Sie das Topping einfärben, stellen Sie ein bisschen weiße Creme zur Seite, die brauchen Sie für die »Augäpfel«.

Grün eingefärbtes Topping in einen Dressiersack mit Sterntülle füllen und Tupfer auf den Sponge machen.

Weißes Topping in einen Dressiersack mit Rundtülle einfüllen und 2 kleine Tupfer für die Augen aufdressieren.

Smarties drauflegen und den Keks in das Topping stecken.
Fertig sind die kleinen, süßen Monster!

Selbstgemachte Karamellen

Tipps!
Schmecken göttlich, halten rund 1 Woche bei Zimmertemperatur oder 2 Monate im Kühlschrank.
Wenn Sie die Karamellen in kleine Stücke Fettpapier einwickeln, sehen sie noch hübscher aus.

Wenn ich mir den 7. Himmel vorstelle, dann schmeckt er nach Karamell!

Zum Auskühlen der Karamellen ein flaches, rechteckiges Gefäß (ca. 10 x 15 cm) mit Butterbrotpapier oder Backtrennpapier auslegen.

Zucker und Wasser zum Kochen bringen, bis sich die Flüssigkeit hellbraun färbt.

Am besten nehmen Sie dafür einen beschichteten, recht hohen Topf. Da brennt nicht so leicht etwas an und die Gefahr von Verbrennungen durch Spritzer wird durch die Höhe des Topfes geringer (schmelzende Zucker wird sehr heiß). Die detaillierte Anleitung zum Schmelzen des Zuckers finden Sie beim Rezept für Karamell-Topping auf Seite 24/25.

Zimmerwarme Butter in ca. 3 x 3 cm große Stücke schneiden und rasch zugeben.

Es zischt und brodelt, doch das sollte Sie nicht abschrecken! Das Wichtigste auch in dieser Phase ist: Aufpassen, dass Sie sich nicht an Spritzern verbrennen!

Gleich danach Obers zugeben, 5 Minuten ständig rühren.

Nun haben Sie eine hellbeige Flüssigkeit mit einem braunen Zuckerklumpen in der Mitte. Innerhalb der 5 Minuten löst sich dieser bei beständigem Rühren auf und Sie bekommen eine sämige Flüssigkeit.

Sobald das Karamell etwas eingedickt ist, vom Herd nehmen und in eine mit Backtrennpapier ausgelegte Form zum Auskühlen gießen.

Wenn das Karamell ganz kalt ist, die Form stürzen, das Backtrennpapier abziehen und mit einem Messer beliebig große Karamellen schneiden.

ZUTATEN

100 g	Zucker
30 ml	Wasser
75 g	zimmerwarme Butter
60 ml	Obers

Mürbteigkekse

Tipps!
Für dieses Rezept brauchen Sie a) kalte Hände und b) wirklich kalte Butter. Schneiden Sie die Butter in haselnussgroße Stücke, dann lässt sie sich schneller in den Teig kneten.
Wenn Sie die Butter durch Margarine ersetzen, sind die Kekse laktosefrei!

1-2-3 und jeder ist dabei! Mit diesem Rezept hat alles begonnen. Ohne diese Kekse gäbe es dieses Backbuch nicht, keine Shops, keine Cupcakes und keine Torten! Wenn Sie Genaueres darüber lesen möchten, finden Sie die Geschichte dazu auf Seite 7. So, nun aber ab in die Küche!

Rohr auf 160 Grad Ober- und Unterhitze vorheizen.

Alle Zutaten ganz rasch zu einem Teig verkneten.

Als ich das allererste Mal diesen Teig machte – es ist nun doch schon einige Jahre, eigentlich Jahrzehnte, her – bin ich vor einem Bröselhaufen gestanden und habe mich gefragt, wie daraus um Himmels Willen jemals etwas Teigähnliches entstehen könnte. Sollten Sie sich das auch fragen – die Antwort lautet: weiterkneten, bis Sie einen schönen, glatten Teig haben!

Mit einem Nudelwalker auf einer bemehlten Fläche auswalken und Kekse ausstechen.

Auf ein Backblech mit Backpapier legen und 15 Minuten backen.

ZUTATEN

300 g	glattes Weizenmehl
200 g	Butter
100 g	Staubzucker
1 Pkg.	Vanillezucker
1	Bio-Freilandei, Größe M
1 Prise	Salz

TEAPARTY

Scones

Rohr auf 180 Grad Ober- und Unterhitze vorheizen. Ein Backblech mit Backtrennpapier belegen.

Weizenmehl, Backpulver, Salz, Kristallzucker und Lebkuchengewürz in einer Rührschüssel kurz mit einem Löffel verrühren.

Obers dazugeben, ca. 1 Minute mit dem Knethaken des Mixers kneten, bis der Teig glatt ist und sich vom Rand der Schüssel löst.
Nach Wunsch Rosinen dazugeben und ca. 20 Sekunden unterkneten.

Schüssel mit Frischhaltefolie abdecken, ca. 1 Stunde im Kühlschrank rasten lassen.

Auf einer bemehlten Arbeitsfläche ca. 2 cm dick ausrollen und mit einem 5 cm großen runden Keksausstecher ausstechen.
Scones auf das mit Backpapier belegte Blech legen und mit einem Backpinsel mit Eidotter bestreichen.

Das Bestreichen mit Eidotter lässt die Scones beim Backen schön goldgelb werden.

Ca. 20–25 Minuten backen.

Was wäre eine echte englische Teaparty ohne Scones? Scones gibt es in vielen Varianten: mit Rosinen, ohne Rosinen, groß, klein – aber eines ist sicher: Für eine Teaparty sind sie ein »Must«!

10 SCONES

Topping-Empfehlung zu Scones: In England reicht man klassisch die sogenannte Clotted Cream. Da diese in Österreich kaum erhältlich ist, nehmen wir als sehr schmackhafte Alternative Mascarpone. Ebenfalls dazu gehört Marmelade Ihrer Wahl.

ZEITANGABEN

Vorbereitung:
ca. 15 Minuten
Backzeit: ca. 20–25 Minuten

ZUTATEN

170 g	glattes Weizenmehl
10 g	Backpulver
1 Prise	Salz
40 g	Kristallzucker
½ TL	Lebkuchengewürz
200 g	Obers
60 g	Rosinen (falls gewünscht)
1	Eidotter
	etwas glattes Weizenmehl zum Ausrollen

ZUTATEN

10 g	frische Minze
3 EL	Balsamico-Glace
500 g	Frischkäse
250 g	streichfähiger Topfen (20 %, kein Bröseltopfen)
100 g	Sauerrahm
1 TL	Zitronensaft
1 Prise	Salz

Minze-Balsamico-Topping

Dieses Rezept könnte unter »einfach & gut« laufen. Hier kann man nicht viel falsch machen – also gleich ausprobieren!

12 hübsche Minzeblätter und 1 EL Balsamico-Glace für den Dekor zur Seite stellen.

Restliche Minze sehr fein hacken und alle übrigen Zutaten in einer Schüssel auf mittlerer Stufe ca. 10 Sekunden mixen.

In einen Dressiersack mit 18-mm-Sterntülle füllen und in kreisenden Bewegungen aufdressieren.

Auf jeden fertigen Cupcake noch ein Minzeblättchen legen und ein paar Tropfen Balsamico-Glace drüber träufeln – fertig!

Na, zu viel versprochen?

12 PORTIONEN

Sponge-Empfehlung zum Minze-Balsamico-Topping: Couscous-Sponge S. 152/153

GLOSSAR

Balsamico-Glace

ZEITANGABEN

Ca. 15 Minuten plus Zeit zum Aufdressieren

Couscous-Sponge

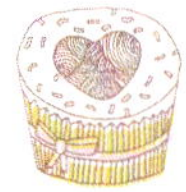

Rohr auf 180 Grad Ober- und Unterhitze vorheizen.

Couscous mit kochendem Wasser übergießen, einige Mal umrühren, dann 10 Minuten zugedeckt quellen lassen.

Währenddessen Gemüse und Kräuter fein hacken und mit allen Zutaten außer Weizenmehl und Backpulver in einer Schüssel vermengen.

> Sie haben nun eine recht flüssige Masse, die herrlich nach Kreuzkümmel und Petersilie duftet. In der Zwischenzeit ist der Couscous weich geworden und kann weiterverarbeitet werden.

Den gequollenen Couscous in die Schüssel mit der flüssigen Masse geben, vermischen und zum Schluss Weizenmehl und Backpulver zügig unterrühren.

Masse bis knapp unter den Rand der Förmchen einfüllen und ca. 30 Minuten goldgelb backen.

12 PORTIONEN

Topping-Empfehlung zum Couscous-Sponge: Minze-Balsamico-Topping S. 150/151

EINFÜLLHÖHE

Knapp unter dem Rand des Förmchens

ZEITANGABEN

Vorbereitung: ca. 30 Minuten
Backzeit: ca. 30 Minuten

ZUTATEN

100 g	Couscous	1 EL	gemahlener Kreuzkümmel
100 ml	Wasser	½ TL	süßes Paprikapulver
2	kleine Frühlingszwiebeln	2	Bio-Freilandeier, Größe M
½	kleine rote Paprika	65 ml	Sonnenblumenöl
½	kleine gelbe Paprika	1 TL	Salz
10 g	Petersilie	1 EL	gekörnte Suppenbrühe
240 ml	Buttermilch	200 g	glattes Weizenmehl
		8 g	Backpulver

ZUTATEN

120 g	Räucherlachs
5 EL	Zitronensaft
440 g	Frischkäse
4 EL	fein gehackte Dille
220 g	Topfen
88 g	Sauerrahm
55 g	Tafelkren
1 TL	Salz
1 TL	Pfeffer
	etwas Räucherlachs und Dille für die Dekoration

Frischkäse-Lachs-Topping

Räucherlachs mit Zitronensaft pürieren.

Frischkäse in einer separaten Schüssel auf niedrigster Stufe 10 Sekunden lang cremig mixen. Danach alle Zutaten bis auf die für die Dekoration vorgesehenen beimengen und weitere 10 Sekunden mixen.

In einen Dressiersack mit Sterntülle einfüllen und in kreisenden Bewegungen aufdressieren. Mit Lachs und Dille dekorieren.

12 PORTIONEN

Sponge-Empfehlung zum Frischkäse-Lachs-Topping: Spinat-Feta-Sponge S. 156/157

GLOSSAR

Dressiersack, Tülle

ZEITANGABEN

ca. 15 Minuten plus Zeit zum Aufdressieren

Spinat-Feta-Sponge

Rohr auf 180 Grad Ober- und Unterhitze vorheizen.

Tiefkühlspinat auftauen lassen und fein hacken. Feta mit dem Pürierstab fein pürieren und mit dem Spinat mischen.

Eier, Öl, Buttermilch, Salz und Pfeffer 30 Sekunden auf mittlerer Stufe mixen.

Mehl mit dem Backpulver vermischen und auf niedriger Stufe zügig unter die Eimischung rühren. Mit der Hand die Spinat-Feta-Mischung unterheben.

Masse in Backförmchen einfüllen und ca. 30 Minuten backen.

12 PORTIONEN

Topping-Empfehlung zum Spinat-Feta-Sponge: Frischkäse-Lachs-Topping S. 154/155

EINFÜLLHÖHE

⅔ des Förmchens

ZEITANGABEN

Vorbereitung:
ca. 30 Minuten
Backzeit: ca. 30 Minuten

ZUTATEN

110 g	Tiefkühl-Spinat
145 g	Feta
2	Bio-Freilandeier, Größe M
55 ml	Öl
215 ml	Buttermilch
1 TL	Salz
1 Prise	Pfeffer
145 g	Mehl
2 TL	Backpulver

ZUTATEN

3 reife	Avocados
450 g	Frischkäse, Doppelrahmstufe
1 TL	Salz
2 TL	bunter Pfeffer
	Saft von 1 Zitrone
12	Scheiben feurige Salami
12	kleine Stückchen Weichkäse (ca. 1 x 1 cm)

Schnelles Avocado-Topping

Tipp!
Wenn Sie es etwas würziger lieben, können Sie nach Belieben Chili oder mehr Pfeffer in das Topping geben.

Avocados schälen, entkernen und pürieren.
Mit Frischkäse, Salz, Pfeffer und Zitronensaft in einer Schüssel auf niedrigster Stufe ca. 30 Sekunden mixen.
Fertig ist das Topping!

In einen Dressiersack mit Sterntülle füllen und mit gleichmäßig runden Bewegungen aufdressieren.

Je 1 Salamischeibe und 1 Stückchen Weichkäse obenauf legen.
Und schon darf serviert werden!

12 PORTIONEN

Sponge-Empfehlung zum schnellen Avocado-Topping: Tomaten-Mozzarella-Sponge S. 160/161

GLOSSAR

Dressiersack, Tülle

ZEITANGABEN

Ca. 15 Minuten plus Zeit zum Aufdressieren

Tomaten-Mozzarella-Sponge 

Rohr auf 180 Grad Ober- und Unterhitze vorheizen.

Milch, Öl, Eier, Salz, Parmesan und Petersilie zusammen auf niedrigster Stufe kurz verrühren.

Mehl und Backpulver hinzurühren.

Zum Schluss Mozzarella und Tomaten unterrühren. Masse in Förmchen einfüllen und ca. 35 Minuten backen.

12 PORTIONEN

Topping-Empfehlung zum Tomaten-Mozzarella-Sponge: Schnelles Avocado-Topping S. 158/159

EINFÜLLHÖHE

Bis knapp unter dem Rand des Förmchens

ZEITANGABEN

Vorbereitung:
ca. 30 Minuten
Backzeit: ca. 35 Minuten

ZUTATEN

160 ml	Milch
80 ml	Sonnenblumen- oder Rapsöl
3	Bio-Freilandeier, Größe M
2 g	Salz
40 g	geriebener Parmesan
15 g	fein gehackte Petersilie
160 g	Mehl
12 g	Backpulver
120 g	gewürfelter Mozzarella (ca. 5 x 5 mm)
130 g	gewürfelte Tomaten (ca. 5 x 5 mm)

ZUTATEN

6	große Toastscheiben
6	dünne Scheiben Speck oder Schinken
ca. 50 g	geraspelter Emmentaler
6	Bio-Freilandeier, Größe S
1	Zweig frischer Rosmarin
40 g	Butter
	Salz
	Pfeffer

Toast-Cupcake

Da sowohl Toast als auch Spiegelei in unseren Breitengraden ein sehr beliebtes Frühstück sind, haben wir beides kombiniert und einen wunderbaren Toast-Cupcake kreiert.

Das Rezept lässt sich auch nach Lust und Laune abwandeln oder ergänzen. Gewürfelte Tomaten unter dem Ei schmecken zum Beispiel vorzüglich. Ihrer Phantasie sind hier keine Grenzen gesetzt!

Alle Zutaten wie auf den nächsten Seiten beschrieben zusammensetzen und bei 180 Grad ca. 20 Minuten im Rohr überbacken. Der Eidotter sollte noch schön flüssig sein, wenn Sie Ihren Toast-Cupcake servieren!

6 PORTIONEN

ZEITANGABEN

Vorbereitung: 20 Minuten
Backzeit: ca. 20 Minuten

1
2
3
4
5

Toast-Cupcake

Butter in einem kleinen Topf am Herd oder im Rohr schmelzen. Die Backförmchen wirklich gut mit der flüssigen Butter einfetten, damit nichts kleben bleibt.

Die Ränder der Toastscheiben abtrennen und die halbierten Scheiben ebenfalls gut mit Butter einfetten. Das macht das Toastbrot so schön kross. Den Toast-Cupcake wie auf den Bildern zusammensetzen und fertig ist ein köstliches Frühstück!

Frozen Cupcake

Tipps!
Entweder Sie verwenden für dieses Rezept eine frische, reife Mango, die Sie ganz fein pürieren, oder Sie kaufen bereits fertiges Mangopüree.
Für den Kuchenboden streichen Sie die Masse vom hellen Milch-Sponge auf ein mit Backpapier ausgelegtes Backblech und lassen sie nach dem Backen über Nacht auskühlen.

Wenn der Sommer in Höchstform ist und man nur noch an Meer, Sand, Sonne, Strand und etwas Süßes denkt, dann passen sie perfekt: unsere Frozen Cupcakes!

Für das Mangoparfait Eiklar, Zucker und Eidotter so lange schlagen, bis Sie eine fast weiße Masse haben.

Das dauert ca. 5–7 Minuten mit der höchsten Stufe des Mixers.

Mangopüree vorsichtig mit der Hand unterheben.

In einer separaten Schüssel Obers cremig-halbsteif schlagen und ebenfalls mit der Hand ganz vorsichtig unterheben.

Für den Fruchtkern Mangopüree und Staubzucker gut verrühren.

Aus dem gebackenen Teig des hellen Milch-Sponge runde Kreise ausstechen und als Boden in die zum Servieren der Frozen Cupcakes bestimmten Gläser legen.
Etwas Mangoparfait, dann den Fruchtkern und anschließend wieder eine Schicht Mangoparfait daraufgeben.

Über Nacht einfrieren. Am nächsten Tag ca. 15 Minuten vor dem Servieren aus dem Gefrierfach nehmen.

In dieser Viertelstunde kann sich der Fruchtgeschmack voll entfalten, deshalb ist es wichtig, Frozen Cupcakes nicht direkt aus dem Gefrierfach zu servieren.

Für den Kokos-Espuma Obers und Kokossirup in eine Siphon-Flasche füllen und kurz vor dem Servieren frisch aufdressieren. Mit Mangopüree verzieren.

10–12 PORTIONEN

Ergibt ca. 10–12 Frozen Cupcakes bei einer Glashöhe von 4 cm und einem Durchmesser von 6 cm

GLOSSAR

Espuma, Sirup

ZEITANGABEN

Ca. 35 Minuten plus Zeit für die Zubereitung des hellen Milch-Sponge am Vortag

ZUTATEN

Teig vom hellen Milch-Sponge (S. 128/129), auf einem Blech gebacken

Für das Mangoparfait:

75 g	Eiklar
45 g	Kristallzucker
175 g	Eidotter
112 g	Mangopüree
140 g	Obers

Für den Fruchtkern:

125 g	Mangopüree
45 g	Staubzucker

Für den Kokos-Espuma:

200 g	Obers
100 g	Kokossirup

5 EL	Mangopüree für den Dekor

1

2

3

4

How to do?

Und so geht's

Backen Sie das Rezept für den hellen Milch-Sponge auf einem mit Backtrennpapier ausgelegten Blech und stechen dann runde Kreise aus. Diese Kuchenkreise sollten genau in das Glas passen, in dem Sie den Frozen Cupcake einfrieren möchten.

Darüber kommt eine Schicht Mangoparfait, danach eine Schicht Fruchtkern und bedeckt wird nochmals mit einer Schicht Mangoparfait. Nun über Nacht einfrieren und am nächsten Tag mit frischem Espuma servieren!

Register

Glossar der Fachbegriffe

Abflämmen: rasches Überbacken bei Oberhitze oder händisches Flämmen mit einem kleinen Bunsenbrenner für die Küche

Balsamico-Glace: reduzierter Balsamico-Essig, meistens mit Zucker versetzt, im gut sortierten Lebensmittelhandel erhältlich. Sie können auch selbst etwas Zucker leicht karamellisieren und eine Tasse Balsamico-Essig rund 30 Minuten auf ⅓ einkochen.

Dressiersack, auch: Spritzbeutel: Ein- oder Mehrwegbeutel, meist aus Kunststoff, in den man Topping einfüllt, um es auf dem Sponge zu drapieren. Ersatzweise können Sie einen an einer Ecke aufgeschnittenen Gefrierbeutel verwenden.

Eingekochte Früchte: Die bekannteste Art von eingekochten Früchten sind Marmeladen.

Emulgieren: Vermischen von zwei Flüssigkeiten, die nicht ineinander löslich sind, z.B. Wasser und Öl. In der Küche ist die bekannteste Emulsion die Mayonnaise. Für Ganache-Topping emulgiert man Obers und flüssige Kuvertüre mit einem Pürierstab, sodass winzige Tröpfchen entstehen, die sich gut vermischen.

Espuma (spanisch für »Schaum«): Zubereitungsmethode, bei der eine flüssige Speise mittels einer mit N_2O gefüllten Kapsel in einer Siphonflasche aufgeschäumt wird.

Kaltschlagen: Masse so lange schlagen, bis sie kalt ist.

Modelliermarzipan: Im Handel erhält man zwei Arten von Marzipan: Modellier- und Rohmarzipan. Die Unterscheidung liegt im Wesentlichen in der Festigkeit. Mit Modelliermarzipan lassen sich Figuren modellieren oder Verzierungen (wie die Krönchen auf S. 48/49) formen. Rohmarzipan ist dafür gedacht, ihn zu verrühren oder etwas damit zu füllen (z.B. Bratapfel-Topping, S. 130/131, oder Marzipan-Amaretto-Topping, S. 90/91).

Offener Zug: Beim Backen entsteht Feuchtigkeit (Wasserdampf) im Rohr. Bei manchen Rezepten sollte dieser Dampf abziehen können, damit das Ergebnis perfekt wird. Am besten klemmen Sie einen Kochlöffel in Ihre Backofentür, so dass ein ganz kleiner Spalt offen bleibt.

Rollfondant: besteht überwiegend aus Eiweiß und Zucker und ist im Fachhandel erhältlich. Rollfondant hat eine Konsistenz wie sehr fester Modelliermarzipan und wird oft mit Flüssig-Fondant verwechselt. Letzterer wird im Wasserbad erhitzt und wie eine Schokoladenglasur verwendet.

Siphonflasche, kurz: Siphon: a) Zapfflasche für kohlensäurehaltige Getränke, b) wird dazu verwendet, Flüssigkeiten (z.B. Obers) mittels N_2O-Kapsel aufzuschäumen

Sirup: dickflüssige, konzentrierte Lösung, die durch Kochen oder andere Techniken aus zuckerhaltigen Flüssigkeiten wie Zuckerwasser, Zuckerrübensaft, Fruchtsäften oder Pflanzenextrakten gewonnen wird. Durch seinen hohen Zuckergehalt ist Sirup unter Luftabschluss auch ohne Kühlung lange haltbar. Aromatisierte Sirupe werden gern für Cocktails verwendet und sind auch für Cupcake-Toppings geeignet.

Tragant, auch: Tragant-Gummi: wird aus einer Pflanze gewonnen und im Fachhandel in Form von weißem Pulver angeboten. Man rührt es mit ein paar Tropfen Wasser zu einer viskosen Flüssigkeit an und verwendet es als essbaren Klebstoff.

Tülle: rohrförmiger Gegenstand, den man in einen Dressiersack hineinsteckt; die im Dressiersack befindliche Masse wird durch die Tülle hinausgedrückt und erhält dabei je nach Tüllenform ein spezifisches, dekoratives Aussehen. Tüllen können aus Metall oder Kunststoff sein. Bilder zu den verschiedenen Tüllen finden Sie auf Seite 16/17.

Vegan: Verzicht auf tierische Produkte; einige unserer Rezepte sind entweder von vornherein vegan oder lassen sich durch die Verwendung von Margarine statt Butter vegan herstellen; sie sind extra gekennzeichnet.

Zesten: dünne Streifen der Schalen von Zitrusfrüchten

Zuckerkleber: gibt es im Fachhandel bereits in flüssiger Form zu kaufen. Wer nur kleine Mengen braucht, dem empfehle ich Tragant-Pulver zu kaufen. Das kann man nach Bedarf auch in sehr kleinen Mengen anrühren und man kommt sehr lange damit aus.

Zuckerthermometer: spezielle Thermometer für Zuckerzubereitungen. Da z.B. gebrannter Zucker bis auf 160 Grad erhitzt wird, beginnen Zuckerthermometer meist dort, wo Bratenthermometer aufhören (rund um 100 Grad), und enden bei etwa 180–200 Grad. Wir verwenden Zuckerthermometer für die Herstellung von italienischer Meringue.

Österreichisches Küchendeutsch

Backrohr: Backofen
Bröseltopfen: Quark mit sehr niedrigem Wassergehalt
Fülle: Füllung
Germ: Hefe
Glattes Mehl: in Österreich das Standardmehl (Gegensatz zu »griffigem« Mehl, das etwas gröber vermahlen und am ehesten mit Dunstmehl vergleichbar ist)
Dille: Dill
Tafelkren: genussfertiger Meerrettich
Händisch: von Hand
Hineinleeren: siehe leeren
Karotten: Möhren
Kristallzucker: Haushaltszucker
Leeren: gießen
Maroni: Esskastanien
Mascarino: Mascarpone (Mascarino ist der Name eines in Österreich hergestellten Mascarpone)
Obers: Schlagsahne
Rasten lassen: ruhen lassen
Ribiseln: Johannisbeeren
Rohr: Abkürzung für Backrohr
Sauerrahm: saure Sahne
Staubzucker: Puderzucker
Topfen: Quark

Die Autorin

Renate Gruber, geboren 1972 in der Steiermark, arbeitet und lebt mit ihren beiden Töchtern Valerie und Sophia in Wien.

Bevor sie bei einem London-Besuch ihre Leidenschaft für Cupcakes entdeckte, war sie über 17 Jahre gefragte Grafik-Designerin und Briefmarkenkünstlerin. Seit 2010 ist sie Inhaberin und Geschäftsführerin von »CupCakes Wien« und führt zwei entzückende Cupcake-Shops. Die wöchentlichen Backkurse der ersten österreichischen Cake-Designerin, in denen sie ihr umfangreiches Wissen liebevoll weitergibt, sind regelmäßig ausgebucht. Dieses Wissen teilt sie nun mit vielen Leserinnen und Lesern in ihrem ersten Backbuch »130 Gramm Liebe«.

Die Shops werden als kleine, gemütliche Cafes geführt
und man bekommt dort Cupcakes, Designtorten und Backzubehör.
Shop 1: Josefstädterstraße 17, 1080 Wien
Shop 2: Albertgasse 17, 1080 Wien

www.cupcakes-wien.at
www.facebook.com/CupCakesWien

Danke

... zuerst einmal an meine Eltern, dass sie mich immer das machen ließen, was mir wichtig war (sprich, meinen Sturschädl durchgehen haben lassen).

... an meine beiden wunderbaren Töchter Valerie & Sophia, dass sie den oft leeren Kühlschrank und das Chaos in der Küche heroisch ertragen haben. Auch wenn ich seit eurer Geburt immer sehr viel gearbeitet habe, seid ihr das Wichtigste und Schönste in meinem Leben!

... an meine beiden Freundinnen Martina und Christine, dass sie an mich und meine Ideen geglaubt haben – oft bevor ich es selber tat.

... an mein tolles Team, das mit mir gemeinsam gewachsen ist und jeden Tag dazu beiträgt, die Vision von »CupCakes Wien« weiterzuentwickeln und damit viele Menschen glücklich zu machen!

... und natürlich an alle Leserinnen und Leser dieses Buches! Ich habe mich sehr bemüht, die besten Rezepte in verständlicher Sprache niederzuschreiben. Ich hoffe, ihr habt viel Freude damit!

Eure Renate

Impressum

Bibliografische Information der Deutschen Nationalbibliothek
Die Deutsche Nationalbibliothek verzeichnet diese Publikation in der Deutschen Nationalbibliografie; detaillierte bibliografische Daten sind im Internet über http://dnb.d-nb.de abrufbar.

2. Auflage, 2013

Rezepte und Texte: Renate Gruber
Grafische Gestaltung: Christine Klell
Lektorat: Else Rieger
Fotografie: Detailsinn Fotowerkstatt (Maurizio Maier und Teresa Zötl): Umschlag und folgende Seiten: 1, 2, 4, 5, 9, 19, 20, 22, 25, 34, 37, 40, 41, 42, 45, 49, 50, 56, 57, 58, 62, 63, 66, 69, 71, 72, 75, 79, 82, 83, 90, 92, 93, 96, 97, 100, 107, 108, 113, 117, 123, 126, 127, 131, 132, 135, 139, 141, 143, 150, 154, 158, 167, 173, 174, Christine Wurnig: Seite 6, Rita Newman: alle weiteren Fotos
Druck: GRASL FairPrint, Bad Vöslau

ISBN 978-3-85033-727-4

Christian Brandstätter Verlag
GmbH & Co KG
A-1080 Wien, Wickenburggasse 26
Telefon (+43-1) 512 15 43-0
Telefax (+43-1) 512 15 43-231
E-Mail: info@cbv.at
www.cbv.at

Designed and printed in Austria